川口幸大
Kawaguchi Yukihiro

ようこそ
文化人類学へ

異文化を
フィールドワークする
君たちに

昭和堂

はじめに

　この本を手に取ってくれたみなさん，ようこそ文化人類学へ。この本は，今から文化人類学を専攻しようとしている大学1年生や2年生の人たちから，大学院で文化人類学を学びたいと思って来日した留学生，大学で何を勉強しようかと考えるなかで文化人類学も候補に入っているという高校生，あるいは外国の文化や国際交流などについて興味があるという人たちまでを対象に書きました。つまり，これから文化人類学を始める人のための本，一番初心者向けの教科書です。

　文化人類学の優れた教科書はたくさんあります。しかし，学生たちに聞くと，どれも初学者には少し難しいようです。二十数年前の私もちょうど同じように感じていました。全く知識のないところからいきなり読み始めるのはなかなかたいへんです。もちろん，難しい本を苦心しながら読むのが大学での勉強というものだ，という意見はもっともなのですが，もう少しすっと読めて，文化人類学とはどんなものかがわかる本があってもよいと思ったのです。

　ですから，私はこの本で文化人類学のものの見方や考え方について主に書いて，細かな知識や学説史にはページを割きませんでした。そのかわり，各章の最後にブックガイドをつけてあるので，さらに深く学びたい人はそれらを参考にしていただければと思います。また，一冊を通して，「そうあらねばならない」と「そうでなくてもよい」，「〜である」ではなく「〜になる」など，いくつかの共通する視点で書くように心がけました。これは私が考える文化人類学のエッセンスです。今はまだ何のことかわからないでしょうが，読み進めるなかでみなさんに学んでほしいと思っています。

　「文系の学問はこれからもやる気になればいつでもできるけど，文化人類学，特にフィールドワークだけは大学時代にしかできないと思ったから」。文化人類学の専攻を選んだある学生の言葉です。確かに，自分で文献を読ん

で進める学問は,極端なことを言えば,どこでも,一人でもできるでしょう。それに対して,同じ場所や同じ人たちと,しかも長期間にわたって関わり続けるフィールドワークは,おそらくみなさんのこれからの長い人生でも,自由に使える時間と労力が一番ある大学時代にしかできないのかもしれません。また,海外も含め出身地の違う人たち,あるいは年齢や考え方などの異なる様々な人たちと出会う機会が増えるのも大学時代ですから,異文化について学ぶ文化人類学はまさに今この時期にふさわしい学問なのでしょう。

しかし一方で,自分とは異なる様々な人たちと長期間関わる機会は,バイトや仕事上での人付き合い,さらにパートナーや家族との生活など,むしろこれからもたくさんあります。その意味で,「人生みなこれ文化人類学」とも言えるのです。人生というフィールドワークに臨むにあたって,まずは柔軟な感性と思考の基礎力を,文化人類学を学んで養いましょう。文化人類学を学ぶと,善くも悪くも,いろいろなことに「ひっかかる」ようになります。人生は格段に楽しくなりますが,思い悩むことも増えるでしょう。それがどんなものなのか,とりあえず本書をめくって,文化人類学を知ってみましょう。

前置きはこれくらいにして,さっそく文化人類学を始めましょう。ようこそ,文化人類学へ!

目　次

はじめに　i

第1章　文化とは，文化人類学とは……………1

1　いったい何をやっているのでしょうか　2
2　文化とは　4
3　文化は人間だけのもの？　6
4　そうでなくてもよい／そうあらねばならない　10

第2章　家族——あなたの大切な人は誰ですか……………17

1　『そして父になる』　18
2　なぜ「先生は結婚していますか」と聞くのか　20
3　いろいろな家族　22
4　家族の研究やめます　26
5　家族・親族研究が熱い　28
6　大切なのは何か　31

第3章　結婚——なぜするのか，しないのか……………35

1　結婚したいですか　36

2　どのように結婚するのか　　38
3　結婚したら何が変わるのか　　45
4　誰と結婚するのか，してはいけないのか　　50
5　最後にもう一度，「結婚したいですか」　　56

第4章　性——バリエーションは無限大 ………… 61

1　それは誰の仕事か　　62
2　セックスとジェンダー　　63
3　マーガレット・ミードが見た男性と女性　　65
4　セクシュアリティ　　67
5　日本のジェンダー意識　　70

第5章　宗教——あなたの信じるものは何ですか ………… 75

1　つらいとき，苦しいとき，悲しいとき，あなたはどうしますか　　76
2　あなたの宗教は？　　77
3　犯人は誰だ　　80
4　あれも宗教，これも宗教？　　85
5　科学は特別か　　86
6　神なき世界を生きることができるか　　88

第6章　儀礼——どのように境界が設けられるのか ………… 93

1　その境界はどこか　　94
2　境界を設ける　　97

3　フルベの成人儀礼　99
4　高校の通過儀礼　101
5　境界線上にいるということ　105
6　儀礼のない終わりと始まり　107

第7章　贈与と交換——貰ったのと同じだけ施しなさい，そうすれば万事うまくいく　109

1　どちらが嬉しい？　110
2　もらったらなぜ返すのか　111
3　贈与の研究　113
4　贈り物の特徴　117
5　社会に埋め込まれたやり取りと純粋なビジネス　119
6　ものが回らないとどうなるか　122
7　贈与と資本主義　124

第8章　観光——「観光客向け」は嫌ですか　129

1　人類学者が来たぞ！　130
2　観光を考える　131
3　観光人類学ことはじめ　134
4　バリ島の観光　135
5　何が本物？　何が偽物？　139
6　伝統とは　141
7　さあ観光に出かけよう！　144

第9章　フィールドワーク
　　　——文化人類学の方法論 ……………………………… 147

1　舞台裏をお見せします　　148
2　長く苦しいフィールドワーク　　149
3　フィールドワークのパイオニア，マリノフスキ　　150
4　フィールドワークの一事例　　152
5　調査がはらむ暴力性　　159
6　変わる人類学とフィールドワーク　　162
7　それでも，文化を語る権利は誰にあるのか　　164

第10章　文化人類学を学んで
　　　——いったい何の役に立つ？ ……………………………… 167

1　学ぶ人たちの変化　　168
2　進路と就職先　　170
3　文化人類学と他の学問　　171
4　実際に学んでみた人の話　　173
5　文化人類学を学ぶと不幸になる!?——相対的な思考の困難さ　　175
6　学び知ることの大切さ——迷いの共感　　177

あとがき　179
索　　引　181

第1章
文化とは，文化人類学とは

●キーワード●
文化，異文化，相対的

　「文化人類学」＝「ブンカジンルイガク」って，なんだか難しそうなネーミングだな。そう思っている人も少なくないかもしれません。私の親戚のおばさんも，「あんたの専門は人化文類学やったかな？　え，違う？　人類文化学やったか？　ああ，文化人類学な，そやった，そやった」としょっちゅう混乱しています。確かに，歴史学とか英文学などに比べると，文化人類学とはいったい何をやる学問分野なのか，想像がつきにくいのでしょう。しかし，実はとてもシンプルです。ひとことで言うと，文化人類学とは，読んで字のごとく，文化を通して人間を考えようという学問です。ここではまず，文化とは何かから始めて，文化人類学がどんな特徴を持っているのかについて見ていきましょう。

文化人類学って？　難しそう！？

1　いったい何をやっているのでしょうか

川原で鍋パーティー！？

　まずは次の文章を読んでみて下さい。そして，これは何をやっているのか当ててみて下さい。

　　夏が終わるころ，Ｓ市のスーパーマーケットやコンビニでは薪が売られるようになる。30本ほどを一束にしたものが店の入り口に並べられている。こうした店や大学の生協などでは，里芋，ねぎ，大根，にんじん，白菜，ごぼう，豆腐，豚肉（または牛肉）などの食材と，味噌，酒，醤油といった調味料，ポリタンク入りの水をセットにして提供してくれるし，直径50センチほどの鍋も貸し出してくれる。Ｓ市のほか，この地域の人々が秋にこぞって参加する行事のためだ。多くの場合は川べりで火を起こし，鍋で材料を調理し，できあがったものをみなで食べ，酒を飲むのである。大学生であれば研究室，部活やサークル，バイト先で，働いている人であれば職場などを単位としてこの催しを企画する。小中学校の行事として催す場合もある。そのため，多ければ1シーズンに3度も4度も参加する人もいる。

　　毎年10月から11月にかけてこの行事のためにＳ市の川原はたいへん混雑するため，よい場所を取りたいなら，前日の晩から場所取りをしなければならない。この役目は大学の1年生や新入社員といった，タテ社会の下位に位置する者が果たす。ビニールシートを川原に敷き，飲みながら語り合ったり，カードゲームをしたり，歌ったりしながら夜を過ごすのである。

　　当日は正午前後から火起こしを始める。川原の石を積んでかまど状にし，薪を組んで火をつける。日常的にはまず行うことのないこの火起こしが最も苦労する工程である。上手く火がついたら鍋を置き，水を入れ

て野菜を煮る。火が通ったら豆腐と肉を入れ，調味料で味付けをする。ここでちょっとした「闘い」が必ず起こる。それは肉の種類と味付けに関するものだ。S市では豚肉に味噌仕立てが一般的であるが，隣県のY市は牛肉に醬油仕立てとするのである。どちらがおいしい，どちらが好きだと，それぞれの出身者の地元愛も交えて，みな旺盛に語り合うのだ。たいていは鍋を二つ以上用意して，この両方をつくることが多い。そうすれば2種類の味が楽しめるし，「闘い」がエスカレートするのも回避できる。

午後いっぱい，日が暮れるころまでこの行事は続く。ただし，味噌味のものは言ってみれば豚汁，醬油味のものは吸い物なので，そう何杯も飲み続けられるわけではない。2杯ずつくらいが限度のようである。また，お酒も液体なので，汁物と相まって容易にお腹にたまってしまう。酒好きの者たちは，お酒と汁物との相性はよいとは言えないと，毎年のようにこぼしている。なるほど，汁物だけではやはり物足りないのか，同時にバーベキューをしている団体も少なくない。さらに，ここ数年では，最後にカレールーとうどんを入れカレーうどんにして「しめ」たり，火でマシュマロを焼いたりもするようになった。この汁物は確かに主役ではあるのだが，象徴的な意味合いがいくらか強まっているようだ。

飲み食いを終えたら，ゴミを片付け，鍋を洗って返却すれば終了であるが，その後，街中の居酒屋や研究室などで二次会を行うことが多い。室内に入ってまず気がつくのは，自分たちの衣服や体に染みついた煙と炭のにおいである。この行事に参加するにあたっては，洗いやすく動きやすい服装をしてこなければならないのだ。

これはいったい？

さて，これは何をしているのでしょうか。もしあなたが東北地方の出身者なら，初めの1行，つまり「薪が売られる」を読んだだけですぐにわかったのではないでしょうか。そう，芋煮です。反対に，関東から西の人にはなじみがないかもしれません。大阪生まれの私は，大学入学を機に仙台市で

写真1-1 芋煮。これは仙台風のもの

暮らすようになるまで，芋煮については聞いたことも見たこともありませんでした。「芋煮って何ですか」と私がたずねると，「へー，大阪では，芋煮やらないんですね」と仙台で暮らす人に驚かれたことが今も忘れられません。東北では，というか東北と北関東の一部でだけ，この行事がいかに定着しているかがわかります。もっとも最近では，ニュースやバラエティ番組で取り上げられたり，大手食品メーカーが芋煮風味のカップ麺を売り出して話題になったりと，全国的にも知名度はやや高まっているようです。

　上の文章は，仙台から遠く離れた大阪出身のYKさん，実は私が，芋煮に初めて参加した二十数年前のことをできるだけ思い出して，さらにその後ほぼ毎年参加しつづけた経験も踏まえて書いたものです。私にとってこの芋煮は仙台に来るまでなじみのなかった異文化，東北地方の人たちにとっては毎年必ず行う定着した文化だったわけです。

2　文化とは

やることなすこと

　ところで，私は今「異文化」「文化」と書きましたが，そもそも「文化」とは何のことでしょう。とても身近な言葉なのですが，それゆえ改めて説明しようとすると，なかなか難しいかもしれません。そもそもの言葉の成り立ちや意味の変遷などをひもといていると長くなってしまうので，ここではごくごく簡潔に，文化とは「われわれのやることなすことすべて」としておきましょう。これでは説明したことになっていない！　という声も聞こえてきそうですが，やはりこれが一番ふさわしい，あるいは，こう言うしかないと

いうのが正直なところです。

　たとえば，先ほどの芋煮は東北地方と北関東の一部でしか行われていないので，芋煮を「東北の文化」とか「仙台の文化」というように，一定のまとまりの人たちに共有されるものというふうに理解することもできます。「お寿司は日本の文化」とか「キムチは韓国の文化」のように国単位に拡大することもできるでしょう。

図1-1　チマチョゴリとキムチ＝韓国文化！？

あなただけの文化？

　では逆にその範囲を縮めていくとどうでしょうか。最も小さな単位，それは個人，つまりあなたです。では，あなたがすること，考えること，話すことはどうでしょう。それを文化と言えるでしょうか。自分一人が勝手に言ったりやったりすることを文化とは見なせないのではないか，と考えることもできます。しかし，あなたは本当に自分一人で勝手に言ったりやったりしているのでしょうか。あなたが好きなもの，嫌いなもの，こうしなければならないと思うこと，こうしてはいけないと思うこと，良しとするもの，悪しきとするもの……それらすべてはあなたの生きてきた環境，たとえばあなたを育ててくれた人たちの信条や志向，幼稚園や学校で受けてきた教育，付き合ってきた友人や恋人，バイト先の仲間や上司，読んだ本や観た映画や眺めたネットなど様々なものから影響を受けてかたちづくられてきたものではないでしょうか。今まさにこのとき自分で考えたり，選んだりしているように思えることでも，実はそれらはあなたのこれまでの数多くの経験や知見から考えさせられている，選ばされているという面が確実にあるのです。

身体の使い方

　今，椅子に座ってこの本を読んでいるあなたは，もし状況が許せば，本を閉じ，立ち上がって少し歩いてみて下さい。あなたは自分の意思で自分の身

第1章　文化とは，文化人類学とは　　5

体を使って歩いていると思うかもしれません。確かに人間は多くの場合，誰に教えられなくても歩けるようにはなるでしょう。しかし，歩き方は，そうと意識はしないにせよ，あなたが生きる社会においてふさわしいとされるかたちを身につけてきたものです。

　海外に行ったとき，言葉を交わさずとも「あ，あの人は日本人だな」と見分けることができたという経験はありませんか。日本で生まれ育った人たちは，どちらかと言うと内股で，歩幅は小さく，ふわっとした感じで歩くようです。それに比べると，私がよく訪れる中国では，外股気味に，歩幅はやや大きく，すたすたという感じで歩く人が多いように思えます。あるときベルギーの有名なレストラン街を歩いていると，店先で客引きをしている男性が通りゆく人ごとに「ボンソワール！」「ボナセーラー！」とその人たちの国の言葉（と推測される言葉）で声をかけていました。毎日のように世界中からやって来る観光客を相手に商売をしている彼は，きっと歩く姿でその人がどこから来たのかを見分けられるようになったのでしょう。私はもちろん！？「コンバンワー，サムライ！」と声をかけられました。

　このように，極めて個人的であるかのように思われる身体の動かし方さえも，われわれが生きてきた環境や受けてきた教育など諸々の要素からかたちづくられているのです。みなさんの一日，あるいは一生，いや生まれる前から死んだ後も——胎児教育や祖先祭祀などを思いうかべてみましょう——文化と無関係なものなど何一つありません。まさに文化とはわれわれが「やることなすことすべて」なのです。

3　文化は人間だけのもの？

動物には文化があるのか

　ここまで読んできて次のように思った人もいるのではないでしょうか。つまり，身体を動かすことさえも文化だと言うなら，人間以外の生き物がやっていることも文化ではないのか。もっともな質問です。生き物たちのなかには，本能にプログラムされている摂食や排泄など，放っておいても自然にそ

うなる／そうすること以外にも，たとえば親から狩りの仕方を学んだり，一部のサルの群れが芋を洗って食べるようになったりと，明らかに学習して身につけた行動が見られます。またチンパンジーやボノボなどが道具を使ったりゲームをしたりするようになったという報告もなされています。

こうした動物たちの「やることなすこと」は文化とは言えないのでしょうか。もちろんそれらを「文化」と見なすことはできます。実際そう解釈している人たちもいます。ひとえに文化をどう定義するかの問題ですから，私のように「やることなすことすべて」と言ってしまえば，なおさらそれらも文化と見なすべきでしょう。

しかし，われわれの「やることなすこと」と動物たちの「やることなすこと」は，全く同じと言ってしまってよいのでしょうか。チンパンジーはスプーンのような簡単な道具しか使えないが，われわれ人間はコンピュータやスマホのような精密機械をつくり使いこなすことができる！？　だとすると，それは程度の問題にすぎないのでしょうか。

赤が止まれなのはなぜか

たとえば，信号機の赤いランプが光っているとき，みなさんはどうしますか。道路を渡らずに待っていなければならない。「止まれ」ですね。逆に青は「進め」，黄色は「注意」です。なぜ赤色が「止まれ」で，青が「進め」なのでしょうか。逆ではだめなのでしょうか。あるいは全く違う色，たとえば黒が「止まれ」で白が「進め」でもいいのではないでしょうか。

写真1-2のこの動物をみなさんは何と呼びますか。そう，「いぬ」ですね。では，なぜこれを「いぬ」と言うのでしょうか。「○○」と，何か他の名前ではだめだったのでしょうか。つまり，言いたいのはこういうこと

写真 1-2　これを何と呼びますか（小嶋ゆかり氏提供）

第 1 章　文化とは，文化人類学とは　　7

です。赤い色それ自体に「止まれ」，青い色それ自体に「進め」，「いぬ」＝「inu」という音自体にあの動物を意味するという必然性は何もないのです。赤は止まることにしよう，青は進むことにしよう，inuはあの動物を指すことにしようという取り決めにすぎないのです。

もともとは関係ない

あるものをそれそのものの本質とは直接的には関係しない別のものによって表すこと，まさにこれこそが人間のいとなみの決定的な特質です。たとえば犬が牙をむいて「ウーッ」とうなっている。すると，この犬が今，怒っている，相手を威嚇しているというのは，犬どうしでも，われわれ人間に対しても伝わります。これは「牙をむいてうなる」と「怒り」の間にかなり直接的な関係があるからです。人間どうしだと，さすがに牙はむかないでしょうが，たとえば「お母さん，怒るよ！！」と，わざと怖い顔と声色で言えば，小さな子どもはきっと泣いてしまうでしょう。怒りという直接的なメッセージが伝わっているわけです。しかし，「私，怒っているんだからね」と，穏やかな笑みをうかべて相手が言ったらどうでしょうか。牙をむいてうなるよりも，本当はこういうときが一番怖いのですが，日本語がわからない人なら，穏やかな表情の相手が実は怒り心頭であることはまずわからないはずです。それは「怒っている」という，その言葉自体，もっと言うとその音自体に，「怒る」という状況を示す必然性はないからです。

お金も神もイケメンもみんな取り決め

そう考えていくと，われわれ人間のいとなみの大半が，「本来的には関係していないもの」どうしの関係で成り立っていることがわかります。われわれは食べてもお腹いっぱいにならないもの，というよりも，食べることすらできないもの，つまり「お金」を何よりも価値のあるものとして扱っています。これを貨幣経済と言います。お金それ自体に価値がないのは，それが食べられないのはもちろん，毎日その価値は変わるし（為替相場），状況によっては紙くず同然になってしまうこと（インフレ）からも明らかでしょう。

同じように，それ自体としては弓矢や刀のようには力を持たないものや人（ときには会ったことさえもない）を力を持った存在として崇め，奉り，信仰します。これを「宗教」と言います。神々の像や絵やペンダントは，それを信じる人たちにとってはこの上なく尊いものでしょうが，それ以外の人たちにとっては多くの場合，ただのものにすぎないでしょうし，偶像崇拝を禁じている宗教もあります。

写真1-3　神に祈りを捧げる人々。中国広東省の観音廟にて

特定の姿やかたちを「美しい」と愛でるのも人間です。ここから「芸術」が生まれます。しかし，いわゆる「美人」や「美男」の条件は時代や場所によって様々なのはみなさんもご存じでしょうし，評価される芸術や音楽もまたしかりです。「イケメン」は今このとき，この場所での取り決めにすぎません。あなたが好きなアイドルや俳優も，別のところに住んでいる人や少し前の時代の人に言わせれば，「こんなナヨナヨして，つるっとした男のどこがいいんだ！？」と言われてしまうかもしれません。

関係していないものを関係づけること

この「本来的には関係していないものを関係づける」という特徴がわれわれ人間の大きな特徴であるということがおわかりいただけたでしょうか。文化を持っているのは人間だけだと言うとき，それは結局このことを指しているのです。上に挙げたように，他の動物も道具を使うし，協力しあうし，教育する／されることはあります。それと人との違いは程度の問題だと言ってしまうこともできるかもしれません。しかしこの「本来的には関係していないものを関係づける」ことは，少なくとも現在までのところ，人のみにはっきりと認められる特徴だと言ってよいでしょう。そこから言語も経済も宗教

も芸術も生まれていったのです。そして人間と動物の隔たりの程度の差が今あるようにかなり大きなものになった根本的な要因も，おそらくここ，つまり「本来的には関係していないものを関係づける」ことにあるのでしょう。そう考えてくると，この「本来的には関係していないものを関係づける」ことこそ，人間の文化の最も重要な特質だということになるでしょう。

4 そうでなくてもよい／そうあらねばならない

改めて整理してみましょう。われわれのやることなすことのすべてを文化と言う。本来的には関係していないものを関係づけることが私たち人間の文化の特徴であるということでした。

相対的とは

では，話をさらに進めましょう。先ほど明らかにしたように，今そうなっていることがそれそのものの性質とは本来的には関係がないとすれば，それは別の何かでもよかったはずです。つまり，先ほど言ったように，「止まれ」を示す色は黒でもよかったでしょうし，犬は「○×△□」でも，また日本で一番価値のあるとされているお金＝一万円札の絵柄は福沢諭吉ではなくて別の誰かでもよかったはずです。

たとえばアメリカでは，信号の「止まれ」には文字通り Don't Walk と書いてあるものがありますし，犬は dog と言いますし，最も価値のある 100 ドル紙幣にはベンジャミン・フランクリンという政治家の顔が描かれています。つまり，「そうでなくてもよかった」のです。繰り返しになってしつこいようですが，それは「赤」と「止まれ」，「inu（という音）」と「（あの動物の）犬」，「福沢諭吉」と「一万円札」は本質的に関係はないからです。だから，日本ではたまたまそうなっているが，それは単なる取り決めであって，別のものだった可能性もあるし，同じことは他の国にも言える。どちらが良いも悪いも，優れているも劣っているもない。みんなそれぞれの文脈でそれぞれのあり方でいい。これを文化の「**相対的**な」考え方と言います。

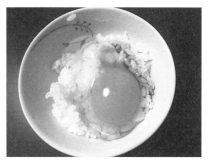

写真1-4 水ゴキブリ。「龍虱」（龍のシラミ）とも言う

写真1-5 卵かけご飯

水ゴキブリと卵かけご飯

　写真1-4を見て下さい。これは何でしょう。中国南部では「水ゴキブリ」と言います。日本で生まれ育った人にはちょっとグロテスクでしょうか。授業のコメントで「こんな写真を見せないで下さい！」と抗議されたこともあります。しかし、これはれっきとした食べ物です。実はこれはゲンゴロウです。中国では食用に養殖されていて、レストランのメニューにもありますし、現地の人たちは普通に食べています。薬草などと一緒にゆでたものを、羽の部分を取り外して、身を吸って食べます。ほのかな苦みはありますが、それほど特徴的な味がするわけではありません。どうですか、食べてみたいですか。

　次に、写真1-5の卵かけご飯の写真を見て下さい。「水ゴキブリ」の後だけに、ほっとしますか。熱々のご飯に生卵を割り入れ、醤油をたらして食べる。シンプルですが、味わい深い。好きな人も多いのではないでしょうか。しかし、先ほどみなさんが「水ゴキブリ」を見て顔をしかめたように、これを見て「え！　これ食べるの？　信じられない！！」と驚く人たちもいます。むしろ、日本以外の国や地域では、その方が圧倒的に多いと言ってよいでしょう。日本に暮らしていると想像がつきにくいのですが、世界的に見ると生卵を食べるのは明らかに一般的ではありません。「卵を生で食べるのはヘビと日本人くらいだ」という言い方もあるほどです。

　われわれがおいしく食べるものを、他の人たちは「え、それはちょっと

……」と言い，その人たちが好きなものにわれわれは眉をひそめる。水ゴキブリも卵かけご飯も，もちろん毒ではありませんから，腐ったりしていなければ食べて全く問題ないものですし，栄養もあります。まさにここには先ほどの相対性が現れています。私たちは別に水ゴキブリを食べてもいい。われわれの社会では普通は食べないことになっているだけで，それそのものとしては気持ち悪いものでも変なものでもありません。相手から見たら，生卵がまさにそうです。だから，今日の食卓に並ぶのは卵かけご飯ではなくて，水ゴキブリでもいい。水ゴキブリではなくても，卵かけご飯でもいい。このように，われわれのやることなすことには，常に「そうでなくてもよい」という可能性が開かれているのです。

そうあらねばならない

　しかしその一方で，われわれのところではこれは食べるが，あれは普通食べない，あるいは食べたくないと感じてしまうという現実もあります。朝食に卵かけご飯は食べてもいいでしょうが，水ゴキブリが出てきたら，さすがにそれはちょっと……となりますよね。日本の一万円札の絵柄が聖徳太子から福沢諭吉に変わることはあっても，まさかベンジャミン・フランクリンやリンカーンにはならないでしょう。つまり，「そうでなくてもよい」は一方で，「そうあらねばならない」という必然性にも結びつくことがあるのです。

　それはなぜなのでしょう。ベンジャミン・フランクリンやリンカーンはアメリカの偉人で，日本のお札にはそぐわないですね。できるだけ多くの日本国民に知られていて，できるだけ偏りのない功績を残した人ということで，福沢諭吉や樋口一葉や野口英世が選ばれたのでしょう。水ゴキブリを日本では食べないのはなぜでしょう。慣れないからでしょうか。なぜ慣れないのでしょう。広く生息していないからでしょうか。では，生卵を食べるのは？ 日本では生のものを食べるのが好まれるし，それに新鮮で殺菌済みの卵が確実に手に入れられる管理・流通システムが整っているからだと考えられます。

　このように少し考えてみただけでも，「そうあらねばならない」ことには，歴史，環境，経済などのいくつもの理由があるのです。

理由はある，しかしそうはならなかったかもしれない

そしてこうした理由は現時点を見れば必然的なようですが，逆に言うと，何か一つの条件が違っていたらそうはなっていなかったかもしれないという意味で，偶然性に富んだものだとも言えます。福沢諭吉は確かに近代日本の教育に大きな貢献を果たした人ですが，もし『学問のすゝめ』というキャッチーなタイトルの著作を残さなければ，今ほど多くの人に知られた存在ではなかったのかもしれません。そうすれば，彼が一万円札の図柄になることもなかったでしょう。卵かけご飯も，白いご飯を主食として，醤油という調味料を使い，かつ新鮮な生卵がいつでも手に入るという条件が整わなければ成立しなかった食べ方でしょう。しか

写真 1-6 日本の一万円札，中国の元，ユーロ。日本の紙幣の図柄には文化人が多いが，複数の国が通貨として使用するユーロ紙幣には実在しないヨーロッパ風の建物が描かれている。中国の一元以上の紙幣はすべて毛沢東。このあたり，紙幣にもそれを使う国（国々）の特徴がよく表れている

も，仏教は殺生を禁じていたので，日本では表向きは卵も含め動物を食べることは長らく許されていませんでした。江後迪子氏による『長崎奉行のお献立——南蛮食べ物百科』によれば，日本人が卵を食べるようになったのは渡来したポルトガル人からの影響が大きく，江戸初期から珍客へのもてなしに欠かせないものとなったそうです。また，卵かけご飯は，1872（明治5）年に岸田吟香という従軍記者が初めて食べたと言われていますが，それより早い1838（天保9）年の小城鍋島藩（今の佐賀県）の献立には「御丼　生玉子」という記録があると言います。日本の「国民食」であるかのような卵かけご飯の歴史は，実はそれほど古くはないのです。

そうでなくてもよいという可能性，そうあらねばならないという必然性

このように，今は当たり前のような事柄も，いろいろな経緯や変化を経てそうなったわけですし，何か一つでも違っていたらそうはなっていなかったかもしれないのです。また，これは同時に，今のあり方が後に変わっていく場合もあるということです。だから「そうあらねばならない」は，「そうでなくてもよい」という可能性に常に開かれています。文化人類学は，人がやることなすことのすべて，つまり文化について，この「そうあらねばならない」という必然性と，「そうでなくてもよい」という可能性との間を行ったり来たりして考えをめぐらせる学問です。あなたが今ここでこのようにしている理由を考え，さらにまた別のあり方の可能性に目を向ける学問です。対象は無限に開かれています。なぜなら，文化は「私たちのやることなすことすべて」なのですから。

【参照文献】
　　江後迪子　2011『長崎奉行のお献立――南蛮食べ物百科』吉川弘文館。

ブックガイド――さらに詳しく学びたい人のために

◆文化人類学の教科書・入門書
文化人類学の教科書はたくさん出版されていて，どれを読んでも勉強になるのは間違いないですが，ここでは特に初学者向けにわかりやすく書かれているものを紹介します。

『文化人類学――カレッジ版（第3版）』波平恵美子（編集），医学書院，2012年。
　　　　　もとは看護学講座の一冊として書かれたものなので，トピックにやや偏りが見られるが（医療，死，儀礼などは充実しているが，たとえば経済や観光といったテーマは扱われていない），記述は非常に丁寧でわかりやすい。実は私自身が初めて大学で文化人類学を講義するときに大いに参考にさせていただいた本であり，また，本書を書くにあたっても意識した本である。

『社会人類学入門——異民族の世界』
　　　J・ヘンドリー，桑山敬己（訳），法政大学出版局，2002 年。
　　　この本のよいところは，人類学が扱う主なトピックについて，まんべんなく平易な言葉で書かれていることである。一人の著者が書ききっているので，記述内容にムラがなく，読みやすい。桑山氏による翻訳も秀逸。

『恋する文化人類学者——結婚を通して異文化を理解する』
　　　鈴木裕之，世界思想社，2015 年。
　　　コート・ジヴォワールでのフィールドワーク中に現地の女性と知り合って結婚した著者の経験をもとに，親族，儀礼，エスニシティなどについていきいきと記述した本。思わず手に取ってみたくなるタイトルを裏切らない充実の内容。私個人としては，鈴木氏による恋そのものの考察も読んでみたくなった。

◆異文化の紹介——民族誌の入り口として
文化人類学者が普段身を置くところとは異なる社会・文化でフィールドワークを行い，記した研究成果を民族誌と言います。ここでは，その民族誌をよりわかりやすく，一般の読者向けに書き下ろした本を紹介します。実際に人類学者がどんな研究をしているのかを知るには，まずこれらを手に取るのがよいでしょう。

『ブッシュマンとして生きる——原野で考えることばと身体』
　　　菅原和孝，中公新書，2004 年。
　　　カラハリ砂漠のブッシュマンのもとで 30 年以上フィールドワークを行ってきた著者の研究成果がぎゅっと詰まった本。日本とは地理的に遠く，なじみの薄いブッシュマンの生活から，言葉，身体，性，近代化までを問いかける。

『隣のアボリジニ——小さな町に暮らす先住民』上橋菜穂子，筑摩書房，2010 年。
　　　『精霊の守り人』や『獣の奏者』で有名な著者は，オーストラリアの先住民・アボリジニを研究する文化人類学者でもある。複数の分野で一級の仕事をする希有な才能の持ち主だ。この書をすいすいと読むうちに，アボリジニの生活から人類学者の仕事までを知ることができる。

第 2 章

家族
あなたの大切な人は誰ですか

●キーワード●
血縁，核家族，生殖医療，サブスタンス

「あなたの大切な人は誰ですか。」
こうたずねられたら，あなたは誰のことを思い浮かべるでしょうか。
「その関係はなぜ大切だと思いますか。」
あなたは何と答えるでしょうか。

人は，たくさんの人間関係のなかで生きています。その関係は，自分にとってなくてはならない大事なものから，なくしたくともなくせないもの，なくなっても別に困らないものまで，まさに様々です。それはいったい何によって決まるのでしょうか。

人はけっしてその人だけでできあがっているわけではありません。だから，人を知ろうと思ったら，まずはその人の周囲の関係を知ろうとします。「きょうだいは何人？」とあなたが新しく知り合った友人に聞くように，調査のために見知らぬ社会を訪れた文化人類学者もまずは家族関係をたずねることから始めました。それにならって，この本でも家族の話から始めましょう。

1 『そして父になる』

　福山雅治さん主演の映画『そして父になる』がカンヌ国際映画祭で審査員特別賞を受賞したのは記憶に新しいのではないでしょうか。みなさんはこの映画をご覧になりましたか。同じ日に同じ病院で生まれた男の子が病院のミスで取り違えられてしまい，それぞれ6年間別の親に育てられた後に本当の両親の元に戻るが……という話です。

　このように，赤の他人だと思っていた人どうしが実は本当のきょうだいでしたとか，本当の親子でしたというようなテーマは昔から数多く描かれてきました。最近ではスタジオジブリの『コクリコ坂から』や，直木賞を受賞して映画化もされた『私の男』などもそうですね。なぜ私たちはこの「本当の家族モノ」に魅了されるのでしょうか。

図2-1　『そして父になる』（是枝裕和監督，2013年，日本）のDVD（発売元：フジテレビジョン）パッケージ

「本当の」とは

　ところで，私は今「本当の」という言葉を使いましたが，この場合の「本当の」とはいったい何を指しているのでしょうか。「本当の親」「本当のきょうだい」「本当の家族」……。そう，血のつながりですね。しかし，「血のつながり」とは，よくよく考えてみれば不思議な表現です。「血がつながっている」とは何を意味しているのでしょう。

　実はここで言っている「血」というのは比喩的な表現で，むしろ「生物学的な事実によるつながり」と言った方が実際に近いでしょう。われわれ生物の個体が発生するためには，多くの場合，オスとメス，人間であれば

男性と女性の生殖行為が必要です。生殖行為の結果として精子と卵子が結びつき，母胎での妊娠期間を経て，私たちは誕生します。この仕組みはわれわれが生物である以上は避けては通れないわけですから，まさに「生物学的な事実」なのです。

社会や文化は様々でも，ここだけは動かしようがありません。なぜなら，こと誕生に関しては人間も生物であることを免れないのですから。だから家族は大切。友達や恋人とは関係が変わったり別れてしまったりするかもしれないが，血のつながった家族だけはいつまでも家族だから。そう思ったことはありませんか。そして，あなたはここまでの話にすっかり納得できたでしょうか。

なぜ「血のつながり」が大切なのか

家族が大切なのは血がつながっているからだというのなら，もう一歩進んで，ではなぜ血がつながっていることが大切だと思えてしまうのか考えてみましょう。血がつながっている＝生物学的な事実によるつながりがあるとは言っても，私たちには目に見えてそれとわかる目印のようなものがあるわけではありませんね。だから，それまでは他人だと思っていた人が実は本当の家族だった，という上のような物語が成立するのでしょう。『そして父になる』はちょうどその逆で，本当の息子だと思っていた子が実は他人の子だったわけですが，取り違えが発覚するまでは誰も何の疑いも抱くことはなかったのです。母方の祖母役の樹木希林さんが，「今だから言うけど，お隣さんが，どっちにも似てないねーって（言っていた）」ということをつぶやくシーンが印象的です。これこそまさに，事実がわかった後の，「そういえば」「そんな気がしてた」という後付け的な認識です。言い換えると，親子だ，きょうだいだと知った上で見るから似ている（ような気がする）のであって，もし生き別れになった家族が電車のなかでたまたま隣に座っていても，お互いの血が共鳴しあってビビっとくるようなことは起こらないでしょう。

では，なぜ私たちは本来的には見えないはずの血のつながりを大切にするのでしょうか。当たり前のようで，その理由を説明するのは実は難しいと思いませんか。まずはこの問いを頭の片隅に置きながら，続きを読み進めて下

さい。第1章で挙げた,「そうあらねばならない」という必然性と,「そうでなくてもよい」という可能性との間を行ったり来たりしながら。

2　なぜ「先生は結婚していますか」と聞くのか

　私たちは家族の話題には事欠きません。現にみなさんも,新しく友達ができてしばらくすると,「きょうだいは何人いるの」とか,「お父さんは何やってる人？」とか,家族のことをたずねるのではないですか。私くらいの年齢（執筆時41歳）になると,必ずと言ってよいほど,「ご結婚はされていますか」とか,「お子さんは？」と聞かれます。そんなのほっといてよ,と思わなくもないですが,相手のことを知るために家族のことをたずねるのはお決まりになっているのです。それはとりもなおさず,家族はその人を構成する重要な要素だとわれわれが考えているからでしょう。

文化人類学者も実は同じ
　文化人類学者も実はこれと同じことをしてきました。知らない社会の,知らない人たちのなかに入っていくのが文化人類学者ですから,その人たちのことを知るために,まずは家族や親族のことについてたずねたのです。文化や社会は様々ですが,生殖活動をして子どもを産むというのは人間である限りどこでも同じ。だから家族はどこでも大事。その人たちを知るにはまずは家族から,と考えたのです。

　特に,比較的小規模で,近代化の波をそれほど受けていないようなところでは,様々な物事が家族や親族によって動いていると考えられました。たとえば,われわれが家族と過ごすのは,家に帰ってご飯を食べたり,テレビを見てくつろいだり,買い物に行ったりするときだけ,つまりプライベートな時間に限られていて,学校や仕事は普通,家族とは切り離されています。しかし,文化人類学者が調査をしてきたような社会では,家庭生活はもちろん,農業や牧畜や商売をするのも家族単位だし,大事なことを決めるのも一族の有力者の寄り合いだったりと,家族や親族が日常のあらゆるところをかたち

づくっているかのようでした。ですから，私たちのような国家という枠組みとそれを支える法律や行政組織を持たない人々を秩序づけ，社会を成り立たせているのは，家族・親族だというふうに考えたのでした。そこで，彼らを理解するにはまずそこからだということで，文化人類学者たちはせっせと家族・親族の研究を積み重ねてきました。1940年代から1960年代は親族研究の黄金期で，特に英国流の社会人類学と言えば親族研究のことを指していたと表現しても過言ではありません。日本においては少々タイムラグがありますので，1960年代から1980年代が人類学による親族研究の全盛期と言ってよいでしょう。

アフリカの部族社会

わかりやすい例を一つ挙げておきましょう。アフリカの部族社会の研究です。スーダンに暮らすヌアーや，ガーナのタレンシの人たちには，アフリカの他の王国のような王や首長といった絶対的なリーダーがいません。では，彼らの社会の仕組みはどのように成り立っているのでしょうか。文化人類学者たちはこれを解き明かそうとしました。そこで注目したのが，共通の祖先をたどることのできる人たちの集団でした。文化人類学者はこれをリニージと呼びました。無理に訳せば「氏族」になるでしょうか。

日本でも，特に地方では周りの家がみんな「山田さん」というように，同じ姓の人たちがたくさん住んでいる地域がありますね。それに近いと考えて差し支えありません。ごくごく単純化したイメージにすぎませんが，隣組は3代前のおじいさんの子孫たち，町内会は6代前の祖先を同じくする人たち，さらに村は10代前の祖先からの子孫……というように，より昔の祖先にさかのぼればさかのぼるほど大きな集団が成り立っていきます。そして，それぞれのレベルの集団でまとまってもめ事を処理したり敵と戦ったりします。最も上はその一族の始祖を起点とした，一族全員から構成される集団になるという仕組みです。このリニージ－一族の寄り合いが，国家を持たない人々の社会を秩序づけていたというわけです。まさに家族・親族の結びつきによって人々の生活が成り立っていたのです。

図2-2 一組の夫婦とその子どもから成る家族が核家族。もし、そこに夫婦どちらかの親も同居していれば拡大家族

核家族は普遍である

このように文化人類学者は世界各地で家族と親族の研究を積み重ねてきました。アメリカの文化人類学者マードックは、『社会構造——核家族の社会人類学』という本のなかでそれらを整理して、**核家族**こそ人間に普遍であるという説を唱えました。核家族とは、一組の男女と、その二人から生まれた子から成る家族のことです。マードックはこの核家族があらゆる社会で見られ、かつ最も基本的で最小の単位であると言ったのです。さらに、たとえば一人の男性が複数の女性と婚姻する一夫多妻婚から成る家族（複婚家族）も、複数の兄弟もしくは姉妹が結婚しても同じ家に暮らし続ける大家族（合同家族）も、すべてこの核家族が結びついたものだと考えました。

3　いろいろな家族

先ほどから繰り返し述べているように、われわれは誰しも一組の男女の生殖行為の結果として生まれてくるわけですから、その二人、つまり「お父さん」「お母さん」と「子ども」が一緒に暮らす核家族が普遍的なのはいかにももっともだと思えるかもしれません。しかし、よくよく見てみると、世界には様々な家族のかたちがあるのです。

ナヤールの母系大家族

インド南部のケララ州にナヤールと呼ばれるカーストの人々が暮らしています。ナヤールの結婚についてはガフの「ナヤールと婚姻の定義」に詳しいので、ここではそれを紹介しましょう。

このナヤールの人たちはタラヴァードと呼ばれる大きなお屋敷に住んでい

て，女性たちが代々それを継承していきます。長男がイエを継いできた日本とはちょうど反対だと考えてよいでしょう。ただし日本と違うのは，ナヤールの人たちが結婚しても夫婦で一緒に暮らさないという点です。女性は婚姻の儀礼によって男性と結婚しますが，その二人は同居することはなく，かつ夫は妻に対して何の義務も負うことはありません。しかも，女性は別の複数の男性たちと性的な関係を持つことができました。

　では，子どもが生まれたらどうするのでしょう。誰が父親かわかるのでしょうか。答えは意外なほど簡単なものです。すなわち，出産の費用を支払った男性がその子の父親と見なされるのです。ただその場合でも，子どもは女性側の家族が育てるので，父親となったこの男性も妻や子と一緒に暮らすことはなく，子どもに対して何の義務も負うことはありません。ナヤールの人たちは生物学上の父親には頓着しないし，両親と子が一緒に暮らさなければならないとも考えないのです。私たちがイメージする家族のかたちとはずいぶん違います。ただし，こうした婚姻と家族の形態が見られたのは，英国による植民地化以前の，上位のカーストに限られていたことを付け加えておきます。

エスキモーの養子——親とは親として振る舞ってくれた人

　次に挙げるのは，アラスカに暮らすエスキモーの人たちです。この人たちについて研究した文化人類学者のボデンホーン（Bodenhorn）は，"He used to be my relative"というタイトルの論文を書きました。高校の英語の時間にたくさん覚えた助動詞を思い出して下さい。used to はどういう意味でしたか。そう，「（かつては）〜だった（今は違うが）」ですね。relative は「親戚」ですから，訳すと「彼はかつては私の親戚だった（今は違うけど）」ということになります。しかし，これは私たちには奇妙に聞こえるでしょう。親族の関係というのは生まれながらにして決まってしまうのですから，たとえば「彼は昔は私のいとこだったけど，今は違う」などということはありえないはずです。どういうことなのでしょうか。

　エスキモーの人たちの特徴は，養子になる／養子をとるのがさほど珍しくないという点です。ボデンホーンが調査したベルチャーアイランドというと

写真 2-1　あるエスキモーの「家族」。この子たちはみな一番後ろの男性の孫だが、左側の三人は彼の「娘」として養子になった（久保田亮氏提供）

ころでは、なんと 40 パーセントの子どもが養子だったそうです。やはりこの地域を研究している久保田亮氏によれば、彼の知り合いの男性は、自分の娘の娘、つまり孫娘を娘として養子にしているそうです。なぜ孫をわざわざ娘にするのか。もっともな疑問です。しかし、逆に、あなたは今なぜそれを不思議に思ったのかを考えてみましょう。それは、あなたが家族の関係は生まれながらにして決まるものだという前提を強く持っているからではないですか。まさにそれがあなたの文化なのですが、エスキモーの人たちはそうは考えません。逆に、なぜ生まれたときの関係でその後のすべてが決まってしまうのか、と不思議に思うでしょう。

　実際に養子になる／養子をとるにあたっては、たとえば親が再婚するからとか、何人かいる子のうちの一人を子どもをほしがっていた知り合いの養子にするとか、親がアルコールやドラッグ中毒で子育てができないからとか、様々な理由があるようです。孫娘がおじいさんの娘になったという先ほどのケースでは特に深い理由はなく、単にその女の子はおじいさんが好きだったからだそうです。いずれにせよ、この地域の人たちも生物学上の関係性については認識していますが、それが自動的に、たとえば親 - 子の関係になるとは考えないということです。では親とは何か。エスキモーの人たちにとって親とは、「愛してくれる人」「親として振る舞ってくれる人」なのです。

親として振る舞わなくても親は親！？

　一方、日本ではどうでしょうか。悲しいことですが、日本では 2015（平成 27）年度の 1 年間に 10 万 3260 件（速報値）もの児童虐待が発生しています（厚生労働省ホームページ）。おそらく把握されないケースも多いでしょうから、

この数は氷山の一角で，実際の数はもっと大きくなるでしょう。もちろん親や保護者にも様々な事情があり，一概に非難するべきではないのかもしれませんが，子どもの立場から言えば，虐待はいかなる理由があっても許されるべきことではありません。しかし，日本では，徐々に変わってきているとはいえ，第三者が親子関係に介入するのは簡単ではないですし，ましてや子どもに対してどんなにひどいことをしても，少なくとも法的には，親は親です。実際の関係性がどうであれ，血縁関係が何よりも優先されるのです。親とは「親として振る舞ってくれる人」と考えるエスキモーの人たちから見れば，きっと驚きでしょう。エスキモーの人たちは生まれよりは実際の関係性を重視するわけですから，まさに対照的です。

ステップファミリー——血のつながりのない家族は珍しくない

さて，血縁によらない家族の例と言っても，インドやアラスカなど，日本からはるか遠い世界の話ばかりじゃないか，と思われたかもしれません。では，ここで日本に目を向けてみましょう。

みなさんは日本で1年間にどれくらいの人たちが結婚しているかご存じですか。厚生労働省の報告によれば，2015（平成27）年はおよそ63万組です。そのうち約4分の1が，妻と夫の両方，もしくはどちらか一方が再婚のカップルです。すると，前のパートナーとの間の子どもと新しいパートナー，および互いの子どもどうしには血縁関係がありません。こうした家族はステップファミリーと呼ばれます。さらに，入籍しないで子どもを持ったシングルマザー／ファザー，あるいは生活をともにしても入籍しないカップルもいるでしょうから，実際にはステップファミリーはもっと多いでしょう。また今，離婚件数は年間約22万件にのぼり，上の婚姻件数から単純に計算すると離婚率は約35パーセントで，1970年の4倍ですから，こうしたステップファミリーは今後さらに増えてくるでしょう。

西洋ではシンデレラ，日本では落窪物語など，血のつながりのない親子やきょうだいの関係は困難なものとして描かれます。ブログなどでも実際にそうした悩みなどが綴られているのを見ることができます。もちろん，血がつ

ながっていても，親やきょうだいや子どもたちと上手くいかないことは誰しもあるでしょう。しかし，いわゆる血のつながりのない家族関係の場合，上手くいかないのは「やっぱり血がつながっていないからだ」と，自分たちも，そして周りも解釈してしまうことはないでしょうか。実際には様々な家族のかたちが増えてきてはいても，私たちは「家族は血がつながっているからわかり合える」といった固定的な家族のイメージからなかなか自由になれないのかもしれません。

4 家族の研究やめます

　母系拡大家族で暮らすインドのナヤール，頻繁に養子をとる／養子になるエスキモー，そしてステップファミリーと，世界にも日本にも様々な家族のかたちがあります。1組の男女とそこから生まれた子どもから成る核家族が決して普遍的なわけではないことがおわかりいただけたでしょうか。

「家族が大事」は，人類学者の思い込み！？
　またアフリカのリニージのように，家族・親族のまとまりで社会が動いているという文化人類学者の理解が，実は全く実情に合っていなかったり，そもそも当の人たち自身がそんなふうには考えていないということもわかってきました。たとえば日本で言うと，両親と同居するのが望ましいという価値観は根強いとは言っても，厚生労働省の「国民生活基礎調査」によれば，実は三世代居住の割合は6.6パーセントにすぎないし，あるいは若い世代にはそうした意識すらないのが実状だというのに近いでしょう。アフリカのヌアーやタレンシの人たちにとって，親族はいくつかある大切な社会関係の一つにすぎないのに，文化人類学者たちはあたかもそれがオンリー・ワンであるかのように描いてきました。それはとりもなおさず，文化人類学者たち自身に，家族は大事だという，自らの社会の価値感を基準にした勝手な思い込みがあったからです。しかも，自分たちよりも単純な社会ならば，なおさらそうだろうという先入観で彼らを見ていたのでしょう。そしてその根底に

は，この章の冒頭から述べている生殖の必然性，つまり人間である限り1組の男女の性交によって子が生まれるのは普遍的な事実だという前提があったのです。

赤ちゃんのでき方いろいろ

しかし，これも揺らいできました。確かに，生物学の知識に基づけばその通りなのですが，生命の発生について全く異なる説明をする人たちがいることもわかってきたのです。たとえば，マリノフスキの『未開人の性生活』によれば，トロブリアント諸島の人たちは，祖先の霊が女性の胎内に宿ると妊娠するのであって，性交と男性の精液は直接的には生殖に関係しないと考えています。性交には，子が膣へと入っていくための通り道を開ける働きがあるが，それは必ずしも性交によらなくてもよいのだと言います。現に，あの女性は性交をしていないはずなのに子どもがいるだろう，と彼らは実例を持ち出してきます。

他方これとは対照的に，田川玄氏によると，エチオピアのボラナの人々は，母と子の肉体的な連続性を認識していません。赤ちゃんは，男性の精液が固まって，ちょうど「ミルクが固まってヨーグルトになるように」してできると言います。よって，子どもの肉体はすべて父親のものが伝えられてできていると考えているのです。

このように，私たちが普遍的だと考えてきた生殖についての認識，すなわち「生物学的な事実」の理解も決して普遍的ではないということがわかります。

「家族」と「ファミリー」は同じものか

ここまで来ると，家族・親族はどこでも同じように大切だという前提が相当怪しいものにならないでしょうか。家族・親族のかたちは実に様々だし，また普遍的だと思われてきた生殖についての認識も様々だとすると，それをあたかも同じものとして取り出して研究できるのでしょうか。確かに，ある社会のある言葉を無理やり私たちの言葉に訳せば，「家族」や「親族」や「親」や「子」に相当するかもしれませんが，実はそれらはかなり違うものなので

はないか。たとえばインドのナヤールの人たちにとっての「父親」とわれわれの「父親」は，同じ言葉で表してはいても，相当異なるものでしょう。ならば，家族や親族を「ところ違えどみな同じ大切なもの」であるかのように研究するのはもう無理だ。できるのは，日本の家族の研究，アメリカのファミリーの研究，ナヤールのタラヴァードの研究といった個々別々の研究で，人類に普遍のものとしての研究ではない。だから人類学の親族研究は終わった。こうして，あれほど盛んだった家族・親族の研究は，英米では 1970 年代から 1980 年代，日本では 1990 年代にすっかり廃れてしまいました。

5　家族・親族研究が熱い

しかし今，家族・親族は再び研究者たちの熱い視線を集めるようになっています。あれだけ否定されたのに，一体何が起こったのでしょうか。

今や生殖は動かせる

それは**生殖医療**の進展です。遺伝子の解析と生殖医療への応用が飛躍的に進んだために，今や妊娠と出産はかなりの程度，人の手で操作できるようになりました。それによって，生物学的な事実ゆえに普遍的だと考えられてきた個の誕生が，人為的な創造ゆえに個別特殊なプロセスに変わる可能性が浮上してきたのです。これは家族のあり方を大きく変える，いや私たちの家族認識そのものにも劇的な転換をもたらすだろうということで，人類学の家族・親族研究は再び盛り上がりを見せています。

卵子提供者を募集します

写真 2-2 は，コロンビア大学という，アメリカの有名大学の構内に貼られていたビラです。"Help another woman get pregnant（あの女性が妊娠できるように助けてあげて）" と書かれています。卵子提供者を募集しているのです。なぜこの大学にこんなビラが貼られているのでしょうか。それは簡単です。卵子を提供してもらう側は，若くて頭脳明晰な女性の遺伝子がほしいか

らです。ビラの中央に書かれているように、報酬は8000ドルなので、日本円で約100万円です。精子提供者を募る広告もあります。みなさんならどうですか。ちょっとしたバイトとして、自分の卵子や精子を提供したいと思うでしょうか。

生殖医療大国と言われるアメリカでは、人種、学歴、職業、肌や髪の色に至るまで、ドナー

写真2-2 米コロンビア大学構内で卵子提供を呼びかける広告（朝日新聞社提供）

の様々な条件がリストアップされて業者に登録されています。精子や卵子の提供、あるいは代理出産を望むクライアントは、いわば自らの好みに応じてそれらを選択することができます。極端に言うと、今や子どもは、まるでプラモデルをつくるかのように、自分のほしいようにデザインできるのです。こうしたプロセスによって誕生した子どもが「デザイナーベイビー」と呼ばれるゆえんです。

代理出産

この他に現代的な生殖医療の典型として注目されるのが代理出産です。代理出産とは、簡単に言えば、別の女性に妊娠と出産をしてもらうというものです。そのうち、子を望むカップルによる受精卵、もしくは第三者から提供された精子あるいは卵子による受精卵を別の女性の子宮に入れて妊娠出産してもらうという方法があります。この場合、妊娠出産してくれた女性をホストマザーと呼びますが、彼女と子との間に遺伝的なつながりはありません。しかし、生物学上の母親とは、卵子の提供者でしょうか、それとも妊娠して出産をしたホストマザーでしょうか。なかなか難しい問題が浮上します。

一方、夫やパートナーの精子と別の女性の卵子を体外受精させ、受精卵をその女性の子宮に入れて妊娠出産してもらうという方法もあります。この場

合，妊娠出産してくれた女性をサロゲートマザーと呼びます。彼女と生まれてくる子どもの間には遺伝的なつながりがある，言い換えると，サロゲートマザーは間違いなくその子の生物学上の母親になるわけです。そのため出産後にサロゲートマザーが依頼者への赤ちゃんの引き渡しを拒むという問題が生じることもあります。

生殖ツーリズム

　実は日本でも生殖医療はかなり盛んに展開されていますが，代理出産は認められていません。ですから，それを望む人たちが海外に行くというケースが増えています。特にインドは，アメリカなどと比べて費用が安くすむということもあって，各国からたくさんの人が生殖医療を受けるためにやって来ます。この現象は「生殖ツーリズム」と呼ばれるほど盛んになっています（松尾瑞穂氏の研究に詳しい）。

　ただし，日本では母親として認知されるのはあくまで産んだ女性ですから，依頼者がその赤ちゃんを自分の子にするには養子縁組の手続きが必要です。また，代理出産についても，日本産科婦人科学会は認めないという声明を出しており，法的な整備も進んでいません。

体外受精大国

　その一方で日本では，子を望む女性の卵子を取り出して人工的に受精させ，本人の子宮に入れて妊娠出産する，いわゆる体外受精は法的に認められており，非常に盛んに行われています。日本国内の医療機関において2012年の1年間で約32万6000回の体外受精が行われ，3万7953人の子どもが生まれました。総出産数で割ると27人に1人が体外受精によって生まれていることになります（『日本経済新聞』2014年9月6日夕刊）。この32万回を超える体外受精の数は，たとえばアメリカが約15万回，フランスが約7万回であるのと比べると突出して大きい数です。体外受精は母胎に負担がかかるために，他の国では年齢や一人が行うことのできる回数に制限を設けていることが多いのですが，日本ではそれがありません。ですから，成功するま

で複数回試みるというケースが少なくないようです（『朝日新聞　GLOBE』2014年6月1日）。

少しでも遺伝子が近い方がいい！？
　また，精子の場合は匿名の第三者による提供は認められていますが，長野県のあるクリニックでは夫の父の精子を使った体外受精によって，これまでに118人の子どもが生まれたそうです（『朝日新聞』2014年7月29日）。全くの他人よりは，少しでも遺伝子的に近い子どもが望まれるのでしょう。ここからは，子どもを持ちたいと願うとき，遺伝子的なつながり＝血のつながりに極めて強く執着するという志向が見てとれます。

養子という選択は？
　子どもがほしいと望んでも妊娠・出産がかなわないとき，生殖医療の他に何か方法があるでしょうか。アメリカ12万7407件，イギリス6239件，日本1931件という数字は何を表しているかわかりますか。1年間の養子縁組数です（『朝日新聞GLOBE』2011年11月6日）。アメリカは突出して多いですが，イギリスと比べても日本が極端に少ないことがわかるでしょう。しかも，6歳までの子どもを対象とした特別養子縁組は300件ほどしかありません。子を持ちたいと願うとき，養子縁組という選択肢もあります。もちろん個人の望みや願いは尊重されるべきですから，他人がとやかく言うべきではありません。ですから事実だけを述べておくと，日本では体外受精は非常に盛んに行われていても，養子縁組を選択する人は極めて少ないという現状にあります。その背景には，血のつながりを重視するという考えが強くあるのでしょう。新しい生殖医療の展開に注目することで，日本の家族観の特徴が改めて明らかになったのです。

6　大切なのは何か

　以上のように，特に日本では，家族・親族の関係において血のつながりが

非常に重視されていることがわかります。このように，ある特定の関係性を決定づけていると考えられている中心的な要素を**サブスタンス**と言います。日本における家族・親族の関係のサブスタンスは血，つまり生物学的なつながりですが，先ほど見たように，エスキモーではその関係にふさわしい振る舞い，ナヤールの父と子の間であれば出産費用を支払ってくれたことです。その他に，母乳や食べ物を与え／与えられることをサブスタンスだと考える人たちもいます。また，日本では昭和のなかごろまではイエ制度が重視され，血よりもむしろ家系の持続の方が重視されてきましたから，今よりもずっと頻繁に養子をとっていました。つまり，家族関係を決定づけるもの＝サブスタンスは実は様々ですし，また変わりうるものでもあるのです。まさに，「そうあらねばならない」と思われているけれど，「そうでなくてもよい」可能性に開かれているではありませんか。

「あなたの大切な人との関係はなぜ大切だと思いますか。」冒頭の問いを，学生にもたずねてみたところ，意外にも「一緒にたくさんの時間を過ごしたから」という答えが数多く返ってきました。あなたはどうでしょうか。この問いを考えながら，『そして父になる』を見てみるのもよいかもしれませんね。

【参照文献】
朝日新聞　2010年12月6日「卵子ビジネス米浸透」。
朝日新聞　2014年7月29日「夫の父の精子で118人誕生」。
朝日新聞GLOBE　2011年11月6日「養子という選択」。
朝日新聞GLOBE　2014年6月1日「生殖医療」。
ガフ，E. K.　1992「ナヤールと婚姻の定義」杉本良男（訳），村武精一（編）『家族と親族（新装版）』pp.24-52，未来社。
厚生労働省「平成27年（2015）人口動態統計の年間推計」http://www.mhlw.go.jp/toukei/saikin/hw/jinkou/suikei15/dl/2015suikei.pdf#search='%E5%8E%9A%E7%94%9F%E5%8A%B4%E5%83%8D%E7%9C%81+%E9%9B%A2%E5%A9%9A%E4%BB%B6%E6%95%B0'　（2016年10月21日閲覧）。
厚生労働省「平成27年度　児童相談所での児童虐待相談対応件数（速報値）」http://www.mhlw.go.jp/file/04-Houdouhappyou-11901000-Koyoukintoujidoukateikyoku-

Soumuka/0000132366.pdf（2016 年 10 月 17 日閲覧）。
厚生労働省大臣官房統計情報部　「国民生活基礎調査（平成 25 年）の結果から　グラフで見る世帯状況」http://www.mhlw.go.jp/toukei/list/dl/20-21-h25.pdf（2016 年 10 月 21 日閲覧）。
田川玄　2011「家族と親族——親と子は血のつながっているものか？」奥野克巳・花渕馨也（編）『文化人類学のレッスン——フィールドからの出発（増補版）』pp. 51-79．学陽書房。
日本経済新聞　2014 年 9 月 6 日夕刊「体外受精で出生，27 人に 1 人　国内 12 年 3.7 万人誕生」。
マードック，G. P.　2001（1978）『社会構造——核家族の社会人類学』内藤莞爾（監訳），新泉社。
松尾瑞穂　2013『インドにおける代理出産の文化論——出産の商品化のゆくえ』風響社。
マリノウスキー，B.　1971『未開人の性生活』泉靖一・蒲生正男・島澄（訳），新泉社。
Bodenhorn, B. 2000. "He used to be my relative": Exploring the bases of relatedness among Iñupiat of Northern Alaska. In Janet Carsten (ed.), *Cultures of Relatedness: New Approaches to the Study of Kinship*, pp. 128-148, Cambridge: Cambridge University Press.

ブックガイド——さらに詳しく学びたい人のために

『貧困の文化——メキシコの〈五つの家族〉』
　　　L・オスカー，高山智博（訳），思索社，1985 年（2003 年，ちくま学術文庫より復刊）。
　　　厳しい環境のもとで暮らすメキシコの家族を繊細な目線で描いた古典的名著。研究書としても優れているが，良質なルポタージュを読んでいるかのような気分も味わえる。

『リン家の人々——台湾農村の家庭生活』M・ウルフ，中生勝美（訳），風響社，1998 年。
　　　台湾農村部のある大家族について極めて詳細に記した本。家族のメンバーのいがみ合いやゴタゴタがこれでもかと描かれていて，家族はかくも難しいと改めて実感させられる。

第3章

結婚
なぜするのか，しないのか

●キーワード●
インセスト・タブー，死霊婚，PACS

「先生はどうして結婚したんですか。」

特に女子学生からよく聞かれる質問です。

「あなたはどう思うの？　結婚したい？」と問い返すと，「うーん，正直，よくわかんないんですよね〜」と考え込んだ後，たいていは結婚のあれやこれやについて話が弾みます。

結婚とはいったい何なのでしょうか。結婚すると何が変わるのでしょうか。そもそもそんなに大切なことなのでしょうか。オスとメスとが交わり子どもを産むのは他の動物も同じですが，結婚するのは人間だけです。人間の種としてのプログラムと，社会的に定められた制度との交差がはっきりと見てとれるトピックが結婚です。それがどんなものなのか。この章で考えていきましょう。

1　結婚したいですか

　突然ですが，みなさんは結婚したいですか。もし既婚者の方であれば，人生をもう一度やり直せるなら，また結婚したいと思いますか。考えてみて下さい。

　　したい。

では，どうして？

　　一人だと寂しいから。老後が不安だから。二人で協力しあって生きていきたいから。子どもがほしいから。

　毎年，学生にこの質問をすると，結婚したい理由として返ってくる答えはだいたいこのようなところです。「好きな人とずっと一緒にいたいから」というような答えは意外にも！？　聞いたことがありません。もちろんそれでもOKですが。
　では，したくないと答えた人，その理由は？

　　面倒くさそう。自由がなくなる。仕事を続けたいので。

　結婚したくないと答えてくれるのは，どちらかと言うと女性の方が多いようです。少なくとも三つ目の「仕事を続けたいので」という答えは男性から聞かれたことはありません。これは明らかにジェンダーが関わる問題ですが，詳しくは次章で考えましょう。
　ともかく，したい人にも，したくない人にも，いろいろな理由があります。この章では，次の三つの問いから結婚について考えていきましょう。

結婚したら何が変わるのか

　まずはこの問いを考えて下さい。つまり，上に挙げた結婚したい理由，これらは結婚しないと達成できない，あるいは結婚したから必然的にそうなるものなのでしょうか。

　一人が寂しいという人や老後が不安だという人は，別に結婚しなくても，誰かと一緒に暮らせばよいのではないですか。しかも，結婚のように異性の相手とでなくても，同性の友人でもいいでしょうし，あるいはきょうだいとだってよいかもしれません。また，子どもは結婚したから生まれるものではないし，結婚しなくても生むことはできます。こう考えると，別に結婚なんてしなくてもよいのではないですか。

　一方，したくない理由の「面倒くさそう」や「自由がなくなる」は，私もよくわかるのですが，そもそも人付き合いにはおっくうな面がつきものですし，仮に籍を入れずに一緒に暮らしていても面倒なのは同じではないでしょうか。「仕事を続けたいので」という人は，結婚したら仕事を辞めなければなりませんか。逆に考えると誰かと交際して，一緒に暮らして，子どもができても，結婚さえしていなければ辞めなくてもよいのでしょうか。もし結婚したからそうなるのではなく，あるいは結婚していることによって何かが大きく変わることがなければ，別に結婚くらいしてしまってもよいのではないか，と考えることもできませんか。

　どうでしょう。意外と難しいものですね。一つ目の問いは「結婚したら何が変わるのか」です。

誰と結婚するのか，してはいけないのか

　次に，もし結婚するとしたら，どんな人としたいですか。

　　性格の合う人，真面目な人，経済観念がしっかりしている人……。

　みなさん，ずいぶん大人というか，現実的というか……。ここでも「好きな人」という答えは聞いたことがありません。恋だの，好きだのは，結婚には関係ないということなのでしょうか。

では，こうした条件に合った人であれば，かつ両者が同意さえしていれば，何の問題もなく結婚できるでしょうか。
　実は，いくら性格が合って，真面目で，経済観念がしっかりしているすばらしい人でも，もしかするとその相手はあなたとは結婚できないかもしれません。私たちには結婚してはいけない人というのがいるのです。それはどんな人でしょうか。二つ目の問いは，「誰と結婚するのか，してはいけないのか」です。

どのように結婚するのか
　次に，結婚とはどのようにするものでしょうか。役所に婚姻届を出せばそれでいいのでしょうか。確かに，法的にはそれで結婚したことになります。しかし，結婚するというのは本当にそれだけのことでしょうか。単に交際するのと何が違うのでしょうか。三つ目の問いは，「どのように結婚するのか」です。
　これからこの三つの問いをもとに結婚について考えていくわけですが，大半の読者のみなさんには未経験のことでしょうから，まずは三つ目の問い，「どのように結婚するのか」から始めましょう。

2　どのように結婚するのか

　結婚とは，どんなものなのでしょうか。どこか遠い世界の人々の事例を取り上げてもよいのですが，それでは今ひとつピンと来ないかもしれないので，まずはみなさんにとって身近な日本の結婚を見ていきましょう。日本のこととは言っても，未経験の方にとっては，結婚にまつわるあれこれもまた一種の異文化と言ってよいでしょう。

交際開始
　まず，結婚はどこから始まると考えればよいでしょうか。とりあえず結婚相手と知り合うところから見てみましょう。日本の人たちはどうやって結婚

相手と知り合っていると思いますか。「出生動向基本調査」によると，今では恋愛結婚が約90パーセントを占めています。しかし，恋愛結婚の数が見合い結婚より多くなったのは1960年代ですから，恋愛結婚が主流になったのはたかだか五十数年前のことです。みなさんの祖父母くらいまでの世代では見合い結婚が主流だったのです。また「友達の紹介」や「婚活」をきっかけに知り合って結婚するのも，お見合いに近いと言えるかもしれません。

プロポーズと式の準備

さて，交際が進み，結婚しようということになると，プロポーズというものをします。互いに了解したところで，次はかしこまったレストランや料亭などで互いの両親の顔合わせをします。結婚式の準備を進めるのはこのあたりからでしょう。もちろん式を挙げなくても結婚は成立しますし，実際にそういう人たちも少なくありません。

「結婚総合意識調査2014」（リクルートブライダル総研調べ）によると，現在約70パーセントの人が式を挙げているそうです。逆に言うと，30パーセントの人たちが式は挙げないということです。もちろんそれも興味深いのですが，ここでは結婚式をするパターンを見ていきましょう。

結婚式の準備に欠かせないもの，それはまず情報でしょう。『ゼクシィ』という，400ページもある分厚い情報誌が毎月出版されていますから，みなさんも書店で手にとってみて下さい。図3-1にあるように，そこには結婚式場の情報から，必要な費用などについての記事，それに「ゲ

図3-1　ゼクシィ首都圏版表紙（ゼクシィ提供）。結婚式を挙げる人の必読書。半年に一度だけ『彼専用ゼクシィ』も刊行される。新郎もいろいろと勉強して積極的に関わってほしいという女性の願いが表れている

ストが本当に嬉しかったこと♡最新ランキング」「親あいさつ完全サポートシート」といった特集が掲載されていて，盛りだくさんの内容です。これを見ていると，日本の結婚式がいかに精緻な文化体系をかたちづくっているかがよくわかります。

招待状は誰の名で出すか

さて，こうした情報をもとに式場や日取りを決めたら，招待客に案内状を出します。ただし，まずは一人ひとりに電話をして結婚する旨を報告し，日時を告げて，参加してもらえるとの承諾を得るのが一般的な手順です。

招待状は，たいへん興味深いことに，結婚する新郎と新婦の名前ではなく，互いの父親の名前で出します。結婚が決して当人たちだけのものではなく，家と家の間で取り交わされるものであることがわかるでしょう。ただし最近では，こうしたやりかたに共感せず，自分たちの名前で招待状を出す人たちも増えてはいます。

当日の受付

いよいよ式の当日。新郎新婦が衣装を合わせたりしているころ，招待された人たちが会場に到着します。新郎に呼ばれた人は新郎側，新婦に呼ばれた人は新婦側で受付をします。ここでは芳名帳に記帳して，ご祝儀を渡すのです。ご祝儀の相場は親族なら5万円，友人なら3万円というところです。この受付にも，「川口家」「山田家」というように，「家」の名が記されていることが多く，やはり家が前面に出てくる様子がわかります。

写真3-1　新婦側の受付。「川口家」と書かれたプレートが立てられている

式は何式か

　受付を済ませたら，いよいよ式場に入ります。さて，みなさんはどういったかたちの式を挙げたいですか。日本では減少傾向にあるとはいえ，キリスト教式が圧倒的に多く，2014年で全体の55.5パーセントを占めています。その他に神前式（神道式）が17.1パーセント，仏前式が0.8パーセントと，何らかの宗教的な形式に則ったスタイルが7割以上を占めています。ここ数年の傾向としては，参列者に結婚を認めてもらうというかたちの「人前式」も徐々に増えて，24.2パーセントになっています（「結婚トレンド調査2014」リクルートブライダル総研調べ）。しかし，それでもやはり宗教式，特にキリスト教式が多数であることに変わりはありません。

　ここで注目されるのは，「キリスト教式」という点です。斎藤美奈子氏の『冠婚葬祭のひみつ』によれば，正式なキリスト教の教会で挙げる「キリスト教の」結婚式は，そのうちの1パーセントほどしかないからです。ホテルや式場の，あの教会のような建物は，あくまで教会風の建物であって，教会ではありません。それから式を執り行ってくれる牧師さんは，たいていは外国人と思しき欧米系の白人男性が一般的ですが，（ここだけの話）留学生などのアルバイトということも少なくありません。ですから，彼も正確には牧師さん役ということになります。しかし，あくまで「キリスト教式」の式なのですから，問題はないのでしょう（もちろん本当の牧師さんのこともあります）。

新郎新婦の入場

　さて，参列者がそろい，定刻になると，キリスト教式の場合，『結婚行進曲』や『ワンダフルワールド』などの定番の曲に合わせて，「新郎新婦の入場」です。まず，タキシードに身を包んだ新郎が先に一人で入ってきて，新婦を待ちます。

　次は，いよいよ新婦の入場です。たいていの場合，お父さんに手を引かれて，赤や白の絨毯の上を歩いてきます。新婦が進むこの道の名前は？　そう「バージンロード」です。この名称のセンスには驚かされますが，バージンロードはれっきとした！？　和製英語だというのもさらに意外です。

新しい夫婦の誕生

さて、このバージンロードの半ばで新郎が新婦を迎え、新婦はお父さんから新郎の腕に組み替えて、そこからは新郎新婦が二人で手を取り合って前方の十字架の前まで進んでいきます。女性の仕えるべき男性が父親から新郎である男性に替わる決定的な瞬間がはっきりと示されるのです。余談ですが、私は逆があってもよいと思うのです。つまり、新郎が母親に手を引かれて入場してきて、途中で新婦にバトンタッチする。しかし、残念ながら、今のところこんな入場の仕方は見たことがありません。読者の方で実践される際は、ぜひ私までご一報下さい。

次に十字架の前で新郎新婦は誓いの言葉を交わし、指輪を交換し、口づけをし、神への誓いの文書にサインをします。この過程は常に牧師（役）の指示のもとに進行していきます。これらを一通り終え、司会者が「さあ、新しい夫婦の誕生です！」と宣言するのと同時に、新郎新婦はくるっと参列者の方に向き直り、参列者は大きな拍手でそれを祝福します。あとは、みんなで賛美歌をいくつか歌い、結婚式は終了です。

披露宴

続けて披露宴です。これは文字通り、結婚を家族や親戚や友人知人等に披露して、祝福してもらう宴です。ですから、新郎新婦は正面のひな壇に座って、お祝いを言いに来たり乾杯を求めに来たりする参列者に応じなければなりません。

スピーチのNGワード

披露宴では一般的に新郎の上司がスピーチとともに乾杯の音頭をとり、その後は新婦の上司や、あるいは互いの学生時代の恩師、友人などが祝辞を述べてい

図3-2 新婦は父の手を離れ、新郎に手を引かれる

きます。その際，たとえば「切れる」とか「分かれる／別れる」といった忌み言葉がNGワードなのは以前から変わりませんが，最近ではジェンダー規範を押しつけるような表現も避けた方がよいとされるようになっています。私が聞いたなかでは，新郎側の上司のスピーチに，「新婦の〇〇さん，どうか美味しいご飯をたくさんつくって，□□君（新郎）を支えてあげて下さい。ただし，あまりに愛情のこもったご飯を食べさせすぎて，彼が太りすぎないようにも注意してあげて下さいね」というのがありました。本人は気の利いた言い回しをしたつもりなのでしょうが，少なくとも，私が座っていた若い人たちのテーブルでは苦笑が漏れていました。新婦も仕事をしている人でしたから，それはなおさらだったのでしょう。この種の問題についても次章で考えます。

ケーキ入刀

　披露宴の目玉の一つは，ウエディングケーキ入刀です。新郎と新婦が一緒にナイフを持ってケーキを切り分け，出席者に配る，いわば幸せのお裾分けです。ただし，「切る」「分ける」は結婚式においてNGワードですから，「入刀」というのです。もとは欧州において，ケーキの元になる小麦粉に五穀豊穣を祈念するとともに，子宝にも恵まれますようにと願ったのだそうです。
　日本の披露宴では，このときに司会者が「お二人の初めての共同作業です」「カメラをお持ちの方は，ぜひ前の方にいらして，お二人の姿をお写真にお納め下さい」と言うのが定番になっています。

お色直し

　さて披露宴も半ばになると，新郎新婦はいったん退場して，お色直しをします。新婦はウエディングドレスからカクテルドレスに着替えるのが一般的ですが，新郎は仕事上の制服か，そうでなければ学生時代にやっていたスポーツのユニフォームとか，好きなキャラクターのコスチューム等を着てくることが多いようです。そこにはまるで，仕事／趣味に生きる！　という男性としての決意が表されているかのようです。

クライマックス

　いよいよ式のクライマックスです。新郎新婦から両親へ花束を贈呈し，多くの場合，新婦が感謝の言葉を読み上げます。花束に代えて，クマのぬいぐるみを渡す場合もあります。そのクマは，新婦が生まれたときの重さなのです。こんなに小さかった私もお父さんとお母さんのおかげで立派に大きくなり，素敵なパートナーとそのご家族に巡り会え，この日を迎えることができました，というメッセージが伝えられるのです。場内が感動に包まれる瞬間です。

宴の後は……

　この後は新郎新婦とその家族が出口近くで見送るなか，参列者たちが退場していきます。二次会が催される場合もあれば，そのまま三々五々解散になる場合もあります。ちょっと意地の悪いことを書くようですが，帰途では参列者たちが式のことについて，あれやこれやと品評するものです。もちろん肯定的な評価がなされることもありますが，「料理いまいちだったね」とか「駅から遠くてたいへんだった」とかネガティブに評されることもあるので，将来式を挙げたいと考えている人はどうかお忘れなく。儀礼は常に衆人の評価にさらされるのです。

結婚式の特徴

　駆け足で，現代日本の結婚式，特にキリスト教式で行われる式と披露宴の模様を見てきました。ページの都合があるので，もっと詳しく書くべきところも省略せざるをえませんでしたが，それでも特徴として次の三つを指摘することができるでしょう。

　①式は宗教的な指導者のもとに進行していく

　厳密には宗教的な指導者役というべきものもありますが，ともかく日本の結婚式では7割以上が何らかの宗教的なスタイルに則っています。キリスト教では牧師さんが，神前式では神主さんが来ます。これはたとえばインドネシアのバリ島ではヒンドゥー教の僧侶が呼ばれますから，儀礼を司る専門職

者が大きな役割を果たすのは他の社会でも見られる特徴と言えます。

　②**男女の役割が明確に示される**

　式では新郎新婦が結婚後に男性として，あるいは女性として何をすべきかが強調されます。新婦が父親から新郎へと腕を組み替え，スピーチでは結婚後の男女規範に則った理想が述べられ（最近は避けられる傾向にありますが），お色直しではさらに美しく着飾る新婦に対して，新郎は仕事や趣味を前面に打ち出した衣装をまといます。後に述べるように，同性婚が認められている国も増えてきていますが，今のところ日本では法的な結婚はあくまで男性と女性が行うものですから，この傾向は依然として顕著なのです。

　③**個人の社会的な性質を変える**

　恋人たちは夫婦になり，また彼女もしくは彼の父は義理の父になるというように，赤の他人どうしだった互いの親族は姻族になります。よって，結婚には当事者を取り巻く社会集団が大きく関与するのです。招待状は新郎新婦の父親の名前で出し，受付は互いの「家」ごとに設け，それぞれの上司や恩師や友人が祝辞を述べて，最後に新郎新婦から両親に感謝の気持ちが伝えられます。結婚するのはあくまでそのカップルですが，結婚はその当事者だけのものではないのです。

3　結婚したら何が変わるのか

　こうして見ると，結婚は宗教的な指導者のもとに，男女とその周囲の人たちの立場および性質を大きく変えてしまう，まさに通過儀礼だということがわかるでしょう（通過儀礼については第6章で改めて考えます）。では，実際のところ，変わるのはいったい何なのでしょう。恋人たちが夫婦に，彼女が妻に，彼氏が夫になると，具体的には何が変わるのでしょうか。単に気持ちの問題でしょうか。これがわかれば，「なぜ結婚するのか」という問いの答えが見えてくるかもしれません。

交際と結婚の違いは？

　日本の場合で考えてみましょう。たとえば，もし今あなたに付き合っている人がいて，一緒に暮らしているとします。入籍はしていませんが，それは書類上の手続きにすぎないからと，二人とも特にこだわってはいません。そして，子どもが生まれました。互いにこれからも家族として三人で暮らしていこうという気持ちです。さて，この場合，入籍して夫婦であるのとどれくらいの違いがあるのでしょうか。

関係の公的な承認

　まず何よりも，この三人の関係が正式に承認されたものではないという点が最大の特徴です。それにはいくつかの意味があります。一つには，国によって，この男女の関係は「夫婦」だと認められないということです。するとどんな違いが生じるのでしょう。

　たとえば日本では，配偶者控除といって，配偶者の所得が一定以下であれば課税が優遇される制度があります。一般的なのは，妻のパートなどによる収入が103万円以下（2016年12月現在）であれば，夫への課税が軽減されるというケースです。ただしこの制度は，単に一緒に暮らしているカップルには適用されません。

　また，未婚であれば，相手の健康保険や年金に入ることもできません。携帯電話の家族割といったサービスも多くの場合は受けられません。公営住宅など，家族の居住しか認めていないところには住めません。家を買おうとしても夫婦名義でのローンは組めません。もしどちらかが死亡した場合，残された相手は原則的には遺族年金を受給する資格はありませんし，遺産を相続する権利もありません。よって，たとえば相手の銀行口座からお金を下ろすことなどもできません。もしあなたのパートナーが外国人なら，結婚しない限り，日本で暮らし続けるために必要な配偶者ビザを取得することもできません。

子どもとの関係

　さらに子どもについて言うと，当人たちにとっては「二人の子ども」ですが，法的にはそうではありません。結婚していないカップルから生まれた子ども，つまり婚外子の親権者はどちらか一人しか認められないからです。もし，女性の方を親権者にすると，生物学的な父親であるパートナーの男性と子どもとの間には法的な親子関係はないことになってしまいます。また，つい最近までは，「親」が亡くなった場合，婚外子は，結婚している夫婦から生まれた子ども，つまり嫡出子の半分しか相続権がありませんでした。しかし，これは「法の下の平等」に反するという違憲判決が出て，2013年からようやく嫡出子と同等になりました。

　いかがでしょうか。少なくとも現在の日本においては，二人の関係にとって，さらに子どもが生まれればなおさら，結婚しているか，していないかでは大きな違いが生じることがわかったのではないでしょうか。それは，現代の価値観から見て良いか悪いかはさておき，結婚とは，男女の関係，あるいは産んだ者と生まれた子との関係の正統性を承認し，それ以外の者とを区別するために設計された制度だからです。歴史的に見れば，ある一定の期間，一人ひとりでは脆弱な人間が協力し合い，さらに次の世代へと社会を持続させていくためにつくりだされた制度だったのです。

社会の連続性

　社会の連続性は，小さな単位で見ると，結婚した男女の間に子どもが生まれ，さらにその子どもが成長してパートナーと出会って子どもを産む，そしてその子がまた……という繰り返しで保たれます。子を産み育て生活をするためには，住むための家や，作物を生産するための土地，家畜等が必要で，広い意味で言えばこれらはみな財産です。結婚して子どもを産み，この財産を次世代に相続していくことで，個人のレベルでは自分の親，祖父，曾祖父……から継承されてきたラインを子，孫，ひ孫……という下の世代に受け渡していきます。広い視点で捉えるなら，それらが集まって，社会の持続性が保たれるのです。したがって，結婚とは，正式なパートナーが誰で，正式な

子が誰か，つまり権利と義務の正統な担い手を決める制度だと言ってよいでしょう。

ヌアーの死霊婚

図3-3に挙げたヌアーについての研究を紹介しましょう。スーダンのヌアーの人たちにとって，結婚とは男性が正式な跡継ぎとしての子を残し，財産を継承し，そして子孫たちに祖先として祭祀してもらうために行うものです。では，何らかの理由でそれができなかった場合はどうするか。たとえば，子を残す前に死んでしまったら？ 結婚しても子どもが生まれなかったら？

未婚のうちに亡くなった男性のために行うのが**死霊婚**，つまり死者の結婚です。家族たちは彼のために妻を探してきて，結婚の儀礼を行います。このとき，死者の代わりに，たいていは彼の弟が夫として振る舞います。結婚後の生活も，この弟が妻と暮らし，また性交して子どもをもうけます。ただし，彼はあくまで死者の代理にすぎませんから，この妻の実際の夫であり，生まれた子どもの実際の父親は死者です。ヌアーの人たちにとっては，婚資，つまり妻を得るための対価として妻の生家にお金や家畜などの財産を支払った者が夫であり，生まれた子の父になるわけですから，仕組みとしては理にかなっているのです。

では，死者の妻になる女性，あるいはその家族にとって，この結婚はどういう意味があるのでしょう。夫の側は彼女の家族に通常の結婚と同じように婚資を渡します。家族にとっては婚資を受け取れるわけですから，極端な言い方をすれば，相手は誰でも，死者でも問題はないのです。ただ，彼女自身がそれをどう認識するのかは改めて考えるべき問題でしょう。

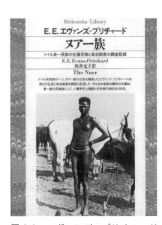

図3-3 エヴァンズ＝プリチャード『ヌアー族』の表紙。なお原著の刊行は1940年。この他，『ヌアー族の宗教』『ヌアー族の親族と結婚』が刊行されている

レヴィレート婚

　結婚が制度と財産の問題だというのは，レヴィレート婚からも明らかです。レヴィレート婚とは，結婚後に夫が亡くなってしまった場合，多くはその男性の弟またはいとこが，寡婦となった女性と再婚するという制度です。男性の側にとって妻は婚資を払って来てもらった大切な存在ですから，単に寡婦としてとどめておくのは大きな損失です。そこでこの寡婦が死者である夫の兄弟のうちの誰かと結婚すれば，すでに支払った婚資も無駄にならないし，かつ兄弟のために新たに妻を探して婚資を払うコストも省けて一石二鳥だというわけです。女性の家族にとっても，婚資を受け取った上で彼女を妻として夫の家族に送り出したわけですから，言ってみれば，その後のことは夫側の人たちの権利なわけです。

オナンの物語

　旧約聖書に出てくるオナンがまさにそうです。彼は亡くなった兄の妻とレヴィレート婚をします。しかし，やはりわだかまりが消えずに性交の際に膣外に射精してしまいます。ところが，ユダヤ教では生殖を目的としない性交は禁じられていますから，オナンはこの行為によって神の怒りを招き，殺されてしまいました。ちなみに，オナンは生殖を目的としない射精をしたということで，彼の名はオナニーの語源になりました。

東アジアの写真花嫁

　こうした事例とややかたちは違いますが，20世紀初頭の日本あるいは中国からの移民の社会で見られた「写真花嫁」にも，相手を見つけて跡継ぎを残すという結婚の目的がはっきりと表れています。当時，生活が困難だった人たちは，ハワイや南米に渡って働き，故郷へ送金して家族を支えていました。周りにいるのは自分と同じような若い独身の男性ばかりでしたから，同じ国の女性と出会うチャンスはなく，かと言って飛行機が今ほど気軽に利用できない当時は「嫁探し」のために帰国するのも困難でした。そこで，彼らは故郷の家族から送られてきた見合い写真のなかから誰か一人を結婚相手

図3-4 『ピクチャーブライド』(カヨ・マタノ・ハッタ監督、1994年、アメリカ) のDVD (Miramax) パッケージ。写真花嫁としてハワイ移民に嫁いだ日本人女性の物語

として選んだ上で帰国し、交際期間などほとんどないままに結婚式を挙げて夫婦になりました。妻となった女性も夫の移民先に渡るのが理想ですが、受け入れ国の条件次第では、それがかなわずに、長い間別居状態が続くという例も少なくありませんでした。写真だけで選ばれた花嫁なので、「写真花嫁」＝ピクチャーブライドと呼ばれたのです。図3-4で挙げたように、工藤夕貴さん主演で映画でも扱われていますので、興味のある方はぜひご覧下さい。

　結婚したら何が変わるのか、その答えが見えてきたでしょうか。すなわち結婚は、単なる交際や同居とははっきりと区別された権利と義務が、その社会において正式に承認されるための手続きであり制度なのです。

4 誰と結婚するのか、してはいけないのか

　では、いよいよ最後の問いです。私たちは誰と結婚するのか、してはいけないのか。日本は自由に恋愛できる国だから、性格や価値観などが合って、お互いに望んでいれば誰とでも結婚してよいでしょうか。いえ、決してそうではありません。

同性どうしは結婚できる？

　まず、いくら相性がよくて互いに愛し合っていても、あなたが女性なら女性と、男性なら男性とは結婚できません。つまり日本では同性どうしの結婚は認められていないのです。そんなのは当たり前だと思うかもしれませんが、世界を見ると、決してそうではありません。今日ではヨーロッパの国の

多くが，さらに最近ではアメリカ，南アフリカ，ブラジル等，20あまりの国でも同性婚が認められています。

　もし，あなたが同性どうしの結婚に違和感を覚えるとしたら，その理由は何でしょうか。同性カップルの間には子どもができないからでしょうか。しかし，男女の夫婦でも子どもを持たないという選択をする人たちはいますし，また前の章で紹介したように，生殖医療の新展開によって，夫婦間の生殖行為以外の方法でたくさんの子どもが生まれている事実を思い出してみましょう。養子を迎えるという選択肢もあります。今後，日本社会がこの主題にどう向き合っていくのか，注目していて下さい。

未婚または独身であること

　では異性どうしなら誰と結婚しても問題ないでしょうか。これもNOです。たとえば，すでに結婚している人とは結婚できません。日本は一夫一婦制を採用しています。

　ただし，これは欧米の影響を受けた明治憲法下からのことです。天皇や将軍にはたくさんの妻がいたことは，小説やドラマなどでご存じでしょう。上に見てきた通り，結婚とは権利を得て義務を果たす制度ですから，よりたくさんの子の出産や多くの労働力を望む人たちは，それに見合う多くの義務を果たせるのなら，多くの妻を迎えたのです。

年齢制限

　また，日本では男性は18歳以上，女性は16歳以上から結婚できると定められており，逆に言うと，これより若い人たちは結婚できません。さらに，女性に限って言えば，離婚してから6ヵ月以上経なければ結婚（再婚）はできません。ページの関係がありますので，その理由についてはみなさんで調べてみて下さい。こうして改めて見てみると，実は結婚できない相手というのは意外にたくさんいるということがわかります。

「近い」人とは結婚できない

　さらにもう一つ，重要な決まりがあります。あなたは，自分のきょうだいや，（自分は離婚したとしても）自分の子や孫とは結婚できません。血縁関係が近い相手とは結婚することができないのです。これを**インセスト・タブー**，日本語では近親相姦の忌避と言います。人間の社会や文化は様々ですが，このインセスト・タブーはどこでも必ず存在すると考えられています。

　それはどうしてでしょうか。おそらくみなさんの頭のなかには，「血縁関係が近い者どうしが結婚すると，生まれてくる子どもに遺伝的な点でよくないから」という答えが思い浮かんだのではないでしょうか。

　しかし，これは本当なのでしょうか。確かに，人間以外の動物の間でも，成長したオスまたはメスのいずれかが群れを離れ，近親相姦を回避するという傾向が認められます。ただしこれは，動物たちの間で近親相姦に対する強いタブーが働いて意識的に忌避あるいは禁止しているというよりは，回避している，つまりインセスト・アヴォイダンスと表現するのが適切なようです。もう少しわかりやすく言うと，他の動物は，人間のように母や父やきょうだいをはっきりと認識した上でそうしているわけではないですし，もちろん制度や法律によってそうしようと決めているわけではありません。

「近親」はどこから

　近親相姦がその結果として生まれてくる子どもによくないというのは本当か，という問いは，言い換えると，「近親」とは誰のことか，もっと言うと，どこからを「近い」と見なすのか，ということでもあるでしょう。日本ではきょうだいの間では結婚できませんが，いとこなら結婚できます。法律用語では，あなたから見ていとこは4親等ですから，それ以上離れていれば，「近くない」ので大丈夫だと考えられているのです。

　しかし，それを聞いて驚く人たちもきっとたくさんいます。ええっ！　いとこ！！　すごく近いけど，それ大丈夫なの？　と。

同姓不婚

たとえば，中国では長らく同姓婚が忌避されてきました。つまり，単に同じ姓，たとえば王さんどうしというだけで，結婚はできなかったのです。現在では，法律上は日本と同じ4親等から結婚できることになってはいますが，それでもいとこなどもってのほか，単に同じ姓というだけでもよくは思わないという人は，特に年配の世代に少なくありません。つまり，同じ姓だというだけで，十分に「近い」と考える人たちもいるわけです。

父方はダメだが母方はよい

また，インドネシアのスマトラ島では，（あなたから見て）あなたのお母さんの兄か弟の子，つまり母方交叉いとこは結婚してもよい，いやむしろそうすべきだとされるのに，父方のいとこはダメだという人たちがいます（なお人類学では，親と同じ性別のきょうだい，つまりお母さんの姉か妹，もしくはお父さんの兄か弟の子どもを「平行いとこ」と言い，反対に親とは性別の違うきょうだい，つまりお母さんの兄か弟，もしくはお父さんの姉か妹の子どもを「交叉いとこ」と呼びます）。不思議だと思いませんか。父方のいとこも母方のいとこも，親等では同じ，つまり血の近さ／遠さは同じはずです。もし生まれた子どもに悪影響があるから禁止というなら，両方とも禁止か，あるいは日本のように両方とも認めてしまってもよいと考えるべきではないでしょうか。

日本ではいとこ婚は全面的にOKなのに，同じ姓だというだけで結婚が忌避される中国の例からも，あるいは，母方いとこはよいが父方いとこはだめだとするインドネシアの例からも，近い／遠いというのは生物学的に見た絶対の基準ではないことが明らかでしょう。しかし一方で，その範囲は様々であるにもかかわらず，人間社会には必ずインセスト・タブーがあるのもまたはっきりとした事実です。これはいったいどうしてでしょうか。

インセスト・タブーは文化の始まり！？

フランスの人類学者であるレヴィ＝ストロースは，このインセスト・タブー

第3章 結 婚

こそが人間の始まり，つまり人間と他の動物を隔てている最も大きな特徴だと考えました。

　私たちは，生の身体に「父」や「母」や「兄」や「妹」といった印が刻まれているわけではありません。前の章で紹介した映画『そして父になる』で，福山さん扮する主人公は，病院の取り違えの事実がわかるまで，他人の子を何の疑問もなく6年間も自分の子として育ててきました。つまり，生まれた段階から「父」「母」「子」「きょうだい」を区別してそうと認識しないと，本来的にはそれが誰だかわからないのです。したがって，たとえばある男性にとっては，その人を「母」と認識しているから「母」なのであり，「妹」と認識しているから「妹」なのであり，「娘」と認識しているから「娘」なのです。もしそういう認識がなければ，この男性にとって彼女たちはみな「女性」でしかありません。すると，彼にとってその女性たちは，すべて結婚の対象になりえてしまいます。なぜなら，原理的に言うと，生殖可能な年齢にある男女の間においては，男性にとっては相手が女性でさえあれば，女性にとっては相手が男性でさえあれば，性交して子どもをもうけることができるからです。

外に目を向ける，世界を広げる

　しかし，それだとどうなるでしょう。レヴィ＝ストロースは，もしインセスト・タブー，つまり近親相姦を禁止することがなければ，人間が外に広がっていくきっかけを失ってしまうと考えました。誰とでも性交して子をもうけることが許されるなら，それは身近な相手で事足りてしまうからです。

　そこで，人間は結婚してはいけない相手を決めることにしました。男性にとってそれは自分を産んでくれた女性，つまり母であり，自分と同じ母から生まれた女性，つまり姉や妹であり，自分と他の女性との間に生まれた女性，つまり娘です。要するに，自分と同じ集団の女性とは結婚してはいけない，結婚相手は外の集団から求めなければならないと決めたわけです。男性にとって，結婚して性交して子づくりをしてよいのは外から来た女性，つまり妻だけとなりました。これを女性の側から見ると，女性たちは自分たちの

集団の男性，つまり父や兄や弟とは結婚できませんから，外に結婚相手を見つけなければなりません。言い換えると，他の集団の男性に嫁いでいかなければならなくなるわけです。

他者と交わるところに文化が生まれる

このように，男性にとっては結婚相手を外から見つけなければならないこと，女性にとっては外の男性と結婚しなければならないことによって，人間の集団が外部へと開かれていったのです。本来的には区別のない人間どうしを，結婚してよい／よくないを基準に区別して認識することこそ，人間が他者とコミュニケーションを取り始めるきっかけになった。そして小さな人間の集団が外へと広がって拡大していった。その過程で人は他者と出会い，他者と関わって生きるために，意思疎通をするための手段＝言語，もののやり取りをするための仕組み＝経済，集団を秩序づけるための枠組み＝政治を確立させていった。言語，経済，政治は私たちの「やることなすこと」，つまり文化ですが，まさにその始まりはインセスト・タブーであった。これがレヴィ＝ストロースの主張です。

身近な相手との結婚を禁じることが人間の社会を拡大させた。何か不思議ですが，よく考えると実に人間の理にかなった仕組みだと思いませんか。夫婦の間に大切なのはコミュニケーションだと言いますが，レヴィ＝ストロースのこの考えを採用するなら，そもそも結婚は人類が他者と出会うためにつくりだした制度なので，それは当然なのかもしれません。

ところで，レヴィ＝ストロースは最も有名な文化人類学者の一人です。1970年代から

図3-5　リーチによる Claude Lévi-Strauss の表紙。レヴィ＝ストロースはフランスの人類学者。親族や神話などから「人間とは何か」を問うた彼の研究は世界中の学術界に大きな影響を与えた

1980年代には日本の大学生も分野を超えて彼の本を手にとっていましたから，人類学を専攻していなくても，その名は聞いたことがあるでしょう。レヴィ＝ストロースの文章は決して読みやすいとは言えませんが，入門書としては小田亮氏の『レヴィ＝ストロース入門』を挙げておきます。また，フランスで活躍していたレヴィ＝ストロースと英語圏の学界とをいわば橋渡ししたリーチの *Claude Lévi-Strauss*（図3-5），それを日本語に訳した『レヴィ＝ストロース』（吉田禎吾訳）という本もあります。

5　最後にもう一度，「結婚したいですか」

　結婚についていろいろと考えてきました。そこで，冒頭でおたずねした問い，つまり「結婚したいですか」を今，改めて考えてみると，どうでしょうか。あなたの意見は変わりましたか。

結婚しない人の増加
　日本では，結婚していない人の割合が増え続けています。たとえば内閣府によると，1960年には30〜34歳の男女とも未婚の人は10パーセント以下でしたが，今では男性の約半数，女性の三人に一人が未婚です。生涯未婚率（50歳時点での未婚者の割合）は，男性20パーセント，女性10パーセントで，1965年にはこの数字がそれぞれ1.5パーセント，2.5パーセントでしたから，大幅に上昇していることがわかります。逆に言うと，約50年前には，男性も女性も大半の人が生涯のうちに一度は結婚していたわけです。そのころは，男女が結婚し，子どもをもうけ，家族として暮らすというかたちが，多くの人たちにとっても，社会構造の上からも，そして価値観の点でも望ましいとされていたのです。

結婚してもいいことはないのか
　しかし，状況は様々な点で大きく変わっています。そのうちおそらく最も重要なポイントは，今や結婚しても得られるものがそれほど大きくなくなっ

たことでしょう。上で見たような税の優遇や社会保障について言うと，そもそもその恩恵にあずかることのできる正社員の夫と専業主婦の妻というモデルが成立しなくなっています。多くの女性にとっては，仕事もしなければならないにもかかわらず，従来からの務めとされてきた家事や育児のウエイトがたいして減っていないので，結婚にはむしろデメリットが目立ってしまうのでしょう。ただこの問題は次章で詳しく取り上げるテーマですので，この辺りでやめておいて，最後に「もう一つの結婚のかたち」を紹介してこの章は終わりにしたいと思います。

もう一つの結婚のかたち

　結婚は様々な権利と義務を公的に承認してもらうための制度だということがわかりました。では，これが結婚という手段をとらなくても認められるとしたらどうでしょうか。フランスには PACS という制度があります。これは，pacte civil de solidarité の略で，訳すと「連帯市民契約」，つまり結婚ではないが，二人のパートナーシップを国が公的に認めるという制度です。この PACS の手続きをすれば，先に説明したような社会保障や子どもの親権など，結婚によって認められてきたものとほぼ同等の権利が得られますし，同性どうしでも OK です。こうした制度はフランスの他にもスウェーデンやドイツなどでも認められています。やや極端な言い方をすれば，もし今パートナーがいるなら，単に付き合っているよりは，この制度を使った方がいろいろと得なわけです。

　また日本でも，2015 年に渋谷区が同性のパートナーシップを証明する書類を出し，夫婦以外には認められていなかった公営住宅への居住や社会保障への道が開かれました。NTT ドコモの「家族割り」が，パートナー証明書を持っている同性のカップルも加入できるようになったというニュースも報じられていました。

　誰かと生きていくためのかたちは，徐々にたくさん認められるようになっていくのでしょう。もちろん，一人で生きていくのもよいし，二人に限らなくとも複数の人とのパートナーシップも考えられるでしょう。あるいは長い

人生のなかでいくつかのライフスタイルを取り入れて暮らしていくのもよいかもしれません。ずっと二人一緒も素敵なのかもしれませんが，それ以外にもきっとよさはあるはずです。そこには，そうでなくてもよい可能性が広がっています。

【参照文献】

エヴァンズ＝プリチャード，E. E. 1997『ヌアー族――ナイル系一民族の生業形態と政治制度の調査記録』向井元子（訳），平凡社。

エヴァンズ＝プリチャード 1985『ヌアー族の親族と結婚』長島信弘・向井元子（訳），岩波書店。

小田亮 2000『レヴィ＝ストロース入門』筑摩書房。

国立社会保障・人口問題研究所 1997「第11回出生動向基本調査（結婚と出産に関する全国調査）」http://www.ipss.go.jp/syoushika/bunken/DATA/pdf/122117.pdf（2016年10月21日閲覧）。

国立社会保障・人口問題研究所 2011「第14回出生動向基本調査 結婚と出産に関する全国調査 夫婦調査の結果概要」http://www.ipss.go.jp/ps-doukou/j/doukou14/doukou14.pdf（2015年12月4日閲覧）。

斎藤美奈子 2006『冠婚葬祭のひみつ』岩波書店。

内閣府 「未婚率」http://www8.cao.go.jp/shoushi/shoushika/data/mikonritsu.html（2015年12月4日閲覧）。

リーチ，E. 1971『レヴィ＝ストロース』吉田禎吾訳，新潮社。

リクルートブライダル総研 2014「結婚トレンド調査」http://bridal-souken.net/data/trend2014/XY_MT_14_release_00zenkoku.pdf#search='%E7%B5%90%E5%A9%9A%E5%BC%8F+%E3%82%AD%E3%83%AA%E3%82%B9%E3%83%88%E6%95%99%E5%BC%8F+%E5%89%B2%E5%90%88+%E3%83%96%E3%83%A9%E3%82%A4%E3%83%80%E3%83%AB%E7%B7%8F%E7%A0%94'（2016年10月21日閲覧）。

リクルートブライダル総研 2014「結婚総合意識調査」http://bridal-souken.net/research_news/2014/11/141118.html（2016年10月17日閲覧）。

レヴィ＝ストロース，C. 2000『親族の基本構造』福井和美（訳），青弓社。

Leach, E. 1989. *Claude Lévi-Strauss*. Chicago: University of Chicago Press.

ブックガイド――さらに詳しく学びたい人のために

『結婚式――幸せを創る儀式』石井研士，日本放送出版協会，2005年。
　　なぜ日本人は教会で式を挙げるのか，それ以前の結婚はどんなかたちだったのかなど，日本の結婚について本章では扱えなかった点まで詳しく紹介・分析している本。特に，結婚式の記述に興味を持った読者にはおすすめ。

『結婚の比較文化』小檜山ルイ・北條文緒（編），勁草書房，2001年。
　　「古めかしく，虫が良く，かつ，抽象的で未熟な『現実主義』にとらわれているように見える……彼女（女子大生）たちの結婚観にゆさぶりをかけ，かつジェンダー問題一般への関心の糸口を提起したい」（ⅱ頁より）という手厳しい！？問題提起から編まれた論集。欧米，韓国，中国の結婚の実情が紹介されている。ただし，本章でも記したように，結婚についての考え方は女性だけの問題ではなく，男性の意識や社会制度と密接に関わっていることも見過ごしてはならないだろう。

『やもめぐらし――寡婦の文化人類学』椎野若菜（編），明石書店，2007年。
　　「夫を失うこと」はどの社会の女性にも起こりうるが，寡婦となった女性がどのような存在で，その後どう生きるかは，まさに千差万別。編者は『シングルの人類学』シリーズの刊行も手がけており，まさにこの分野の第一人者である。

『性と結婚の民族学』和田正平，同朋舎出版，1988年。
　　本章でも紹介した死霊婚や女性婚について，著者のフィールドであるアフリカを中心に，各地の事例も織り交ぜてまとめた本。生殖概念や女性の地位についても紹介されているので，第2章の家族や，次章のジェンダーの関連文献としても読むことができる。

第4章

性
バリエーションは無限大

●キーワード●
セックス，ジェンダー，セクシュアリティ

　子どものころにふと，世の中の流行歌は，恋だの愛だのを歌ったものばかりだということに気がつきました。これは私にとってとても不思議なことでした。その後の人生の中で，私は多くの人に「好き」とは何かと聞いてみました。しかし，「人を好きになるのは理屈じゃない」などと言われ，納得のいく答えは得られませんでした。「あなたは本当に人を好きになったことがないからわからないのだ」と言われたことも一度や二度ではありません。

　人を好きになるのは当たり前，それで悩むのも当たり前，男性は女性を，女性は男性を好きになるのは当たり前，男の子は／女の子はこうするのが当たり前……。当たり前のことばかりなのです。

　しかし，これら一つひとつが実は全く当たり前ではないかもしれません。当たり前だということにしておいた方が，いろいろ考えなくてすむし，結局みんなその方が幸せだということにしておきたいのかもしれません。

　だからこの章を読んでも，もっと言えば「当たり前は当たり前？」を考えるところから出発する文化人類学を学んでも，幸せにはなれないかもしれません。しかし，その当たり前もいつか変わっていくかもしれませんから，やはり考えておくこと，学ぶことは大切なのです。

1　それは誰の仕事か

まずは，次の文章を読んでみて下さい。

　父親と息子が，同じ車に乗ってドライブをしている途中，交通事故を起こし，二人は大怪我をして，救急車でそれぞれ別の病院に運ばれた。息子の前に出てきた医師は「これは私の息子です」と言った。
　はたして，これはどういうことでしょうか。

もう一つ。

　保育園に通う1歳の娘の連絡帳に次のように書きました。「最近，娘はいろいろなものを私に持ってきて，『はい！』と渡してくれます。きっとお手伝いをしているつもりなんでしょうね。」すると，保育士さんからは，「お手伝いをしてくれるんですね。えらいですね。お母さんも助かって嬉しいでしょうね」という返事が返ってきました。

　なんということはないやり取りなのですが，実はおかしなところがあります。それはどこでしょうか。
　一つ目についてはいかがでしょうか。実は，息子に対応した医師は，彼のお母さんだったのです。ですから，この話には何の矛盾もありません。織田正吉という人が書いた『笑いのこころ――ユーモアのセンス』に収録されています（織田 2013: 93）。
　二つ目はどうでしょう。この連絡帳を書いたのも，「お手伝い」をしてもらっていたのも，実は父親の私で，「お母さん」ではありません。

男性がすべきこと／女性がすべきこと！？

　二つとも簡単にわかったという人もいるかもしれませんし，むしろ誰もがすぐにわかってしかるべきなのでしょうが，実際にはなかなかそうはいかないのではありませんか。つまり，私たちは無意識のうちに，医師と言えば男性を連想してしまうし，保育園の連絡帳を書いたり子どもに手伝いをしてもらったりするのは母親だと思ってしまうのです。もちろん，女性の医師や，家事育児をしている男性はたくさんいるでしょうし，それで何の不都合もないでしょう。しかし，その一方で，これは男性がすべきこと，これは女性がすべきこと，男性は／女性はこうあるべきという概念も依然として強く存在しています。そうでなくてもよいはずなのに，そうあらねばならない。この本のはじめに挙げた文化の特質が最もよく現れるのがこの男／女に関する様々な事柄なのかもしれません。

2　セックスとジェンダー

　たとえば，男性は強くて頼りがいがあって，女性は優しく繊細であるというように，「男はこう」「女はこう」と，その社会で決められている性差を**ジェンダー**と言います。それに対して，生物学的な性差を**セックス**と言います。

　さて，ここでふと疑問に思いませんか。なぜ，ジェンダーもセックスも英語で，日本語ではないのでしょう。日本語では，ジェンダーは「社会的な性差」，セックスは「生物学的な性別」というように，修飾語をつけて表現するよりほかはありません。単語として存在しないということは，もともとこうした考えが日本にはなかった，少なくとも明確には認識されていなかったということです。

性別とは何か

　私たちが「性別」と言ったとき，普通それは生物学的な性のことを指します。そして，その生物学的な性が男なら，小さいときからやんちゃで，乗り物やヒーロー戦隊シリーズが好きで，青や黒色のものを身に着け，大人になっ

たら働いてお金を稼ぎ，一家を支える。一方，女の子は，おとなしくて，人形や変身少女シリーズが好きで，赤やピンクのものを身に着け，大きくなったら子どもを産んで家で家事と子育てをする。こうした小さいときの性格や好み，あるいは成長してからすべきことの内容は，生まれたときの性別によって自然とそのようになっていく。つまり，生物学的な性がジェンダーも必然的に決めてしまう，もしくは両者を区別せずに，生物学的な性差がジェンダーも同時に示すかのように考えてきました。この出発点には何があるのでしょうか。

生物の仕組みとして当たり前？
　確かに，おとなしい男の子も，活発な女の子もいるし，男の子が赤やピンクが好きでもいいし，女性が働いたっていい。それはわかります。でも，やっぱり男と女では身体の仕組みが違うでしょう。男性の方が絶対に力は強いし，何より女性は妊娠して出産して，その後も赤ちゃんに母乳を飲ませなければならないから，どうしたって同じようには無理じゃないですか。こうした声が聞こえてきそうです。つまり，男と女の違いを突き詰めていくと，生物としての私たち人間の身体の仕組みの違いにたどり着く。そこは動かしようがないですから，その後のあれこれ，つまり男は強く，働いて，女は優しく，子を産み育てて……につながっていくというわけですね。
　これはどこかで聞いた話に似ていませんか。人間も生物である以上，男性と女性が性交をして子が生まれるのは動かしようがないから，血のつながった親子関係は普遍的に大事である。そうです。家族の章で出てきたものと同じ言い回しなのです。われわれは，どうもこの生物としての先天的な身体や脳の仕組みといった説明に妙に納得してしまいがちです。『話を聞かない男，地図が読めない女』といった類いの本が定期的に話題になるのも，そうしたところに理由があるのでしょう。
　確かにそれはそれでよくわかるのですが，では次のように考えてみてはいかがでしょうか。男女の役割の違いが，もし生物としての人間の身体的な仕組みのみに由来するのなら，同じ人間である限り，世界中のどこでもその違

いは同じはずですね。なぜなら，人間という同じ種なのですから。

3　マーガレット・ミードが見た男性と女性

　この問いに挑んだ文化人類学者がいました。20世紀の半ばにアメリカで活躍したマーガレット・ミードです。写真4-1はフィールドワークに発つ直前の若き日のミードです。彼女はニューギニアの三つの社会で調査を行いました。

　一つ目のアラペシュという社会では，農業をしているので，みんなで協力して働くという特徴があり，子どもは大切に育てられていました。男性も女性もおっとりとしていて優しい，いわゆる女性的な特徴を持っていました。

　二つ目のムンドゥグモル社会は，首狩りを慣行とする人々で，男性も女性もともに攻撃的で猜疑心が強いという，いわゆる男性的な性質をしていました。

　三つ目のチャンブリ社会では，漁業や交易が主たる生業で，そうした生産活動をしているのは主に女性たちで，他方の男性は服装に関心が強くて受動的でした。つまり，アメリカで一般的に考えられている男らしさを女性が，女らしさを男性が備えていたのです。

　このように，ニューギニアの男女のあり方は実に様々で，しかもミードの生まれ育ったアメリカとは大きく違っていました。もし，男らしさ女らしさがすべて生物学的な身体の仕組みに由来するなら，同じ人間である以上はどこでも同じはずなのに，どうしてこんなにも違いがあるのでしょうか。

写真4-1　マーガレット・ミード（1901-1978）。アメリカの文化人類学者。ミードの研究はアメリカのみならず世界中に大きな影響を与え，『男性と女性』（1961年，創元社），『サモアの思春期』（1976年，蒼樹書房）など，その著作は何冊か日本語にも翻訳されている
出所）Mead（1989: 133）．

第4章　性　65

社会が違えば男女のあり方も違ってくるのなら，もしかすると，それは生まれもって決まったものではなく，その後にかたちづくられていくものだとは考えられないでしょうか。

生物としての話とは違うのではないか

　ミードのこの考えは大きな反響をもたらしました。先ほど述べたように，私たちは先天的とか生物学的とかいう説明に弱いところがあります。人間も生物であることは免れませんから，本能や身体の仕組みによってそう決まっていると言われると説得力がある気がしてしまいます。特に，同じ社会のなかだけしか見ていないと，あたかも今のそのあり方が当たり前で，しかも昔から脈々と続いてきているように思えてしまうものです。それはもうずっと前からそうと決まっていて，動かしようがなく，だから合理的な必然性があるのだろうと。

　そうしたとき，違った社会に目を向けてみると，そこには全く違ったかたちがあることに驚くでしょう。そして，同じ人間なのに自分たちとこれほどまでに違っているということは，それは生物学的な仕組みから必然的に決まっているのではないかもしれない，と気がつくでしょう。そうあらねばならないと思えたことは，もしかすると，そうではなくてもよいのかもしれないのです。

　ミードのこの貢献にはまさに，文化人類学の見方と考え方のエッセンスが詰まっています。しかも，ミードは，学者ではない人たちに向けてもわかりやすい言葉で語りかけましたから，彼女の研究の成果は一般の社会に大きな影響を与えました。

ウーマン・リブとフェミニズム

　1960年代にアメリカを中心として，いわゆるウーマン・リブ運動が展開されます。これは主にジェンダーに由来する女性の不平等な扱いを撤廃しようとするもので，1970年代には日本にも広まりました。マーガレット・ミードの研究は，こうした一連の運動の理論的な支柱の一つになったのです。

フランスの思想家ボーヴォワールもウーマン・リヴを代表する人物です。彼女はその著作『第二の性』のなかで「人は女に生まれるのではない，女になるのだ」という鮮烈な言葉を投げかけました。この「女になる」は，第1章で紹介した映画のタイトル『そして父になる』と見事に響き合います。女や男，母や父といった人間の属性は，決して生まれながらにしてそう・あ・るのではなく，そう・な・るものだということです。ちなみにボーヴォワールは写真4-2で隣に写っている哲学者のサルトルと，入籍はしませんでしたが，生涯のパートナーでした。

写真4-2　シモーヌ・ド・ボーヴォワール（左）（1908-1986）。フランスの思想家，哲学者。フェミニズム運動の精神的な支柱となった一人（毎日新聞社提供）

4　セクシュアリティ

さて，この章では今まで，生物学的な性差にせよ，ジェンダーにせよ，「男性」／「女性」を一対一で対になる，二項対立のものとして考えてきました。現に，私たちが何かの書類に性別を記載するとき，普通そこには「男」か「女」しか選択肢が設けられていません。しかし，本当にそうなのでしょうか。人間の性別は二つしかないのでしょうか。もしかすると，これはとても奇妙な問いに聞こえますか。

インドのヒジュラ

インドにはヒジュラと呼ばれる人たちがいます。ヒジュラとは，生物学的な性としては男性に生まれ，その後，多くは男性性器を切除し，女装して生

図 4-1　セレナ・ナンダ『ヒジュラ——男でも女でもなく』の表紙

きる人々のことです。たいていは，グルと呼ばれるリーダーを中心に 10 人あまりで共同生活を営んでいます。結婚式や出産があると出かけていって，祝福の儀礼を行い，謝礼をもらうことで生計を立てています。主に男性を相手とした性的サービスを行っているヒジュラも少なくないと言います。また，男性と結婚して，養子を取り，家族として暮らしているヒジュラもいます。ヒジュラについては，セレナ・ナンダによる古典的な研究があり（図4-1），また最近では國弘暁子氏が詳しい研究書を出しています。

さて，もし日本だと，ヒジュラは，「男性に生まれたが，女性の格好をしている」いわゆる「おネエ」や「おかま」で，それでも性別はあくまで男性だと見なされるでしょう。しかし，インドにおいてこのヒジュラは，男でも女でもない，第三の性として認識されています。インドの最高裁判所も，この第三の性を正式に認めるという判決を出しています。日本では性別は常に男か女の二者択一で，しかもそれは生物学的な性とほぼ同義語ですから，非常に対照的です。

そもそも性とは？

さて，ここで少し考えてみて下さい。ヒジュラが男性でも女性でもない第三の性だということはわかりましたが，この場合の「性」とはいったい何のことを指しているのでしょうか。

それは，身体的な面のこと，つまり男性として生まれたが，ペニスに違和感がある，女性の身体になりたいということを言っているのでしょうか。あるいは社会的な面のこと，たとえば生まれは男性だが，いわゆる男っぽい格好はしたくない，女性もののスカートをはきたい，女性のような化粧をしたいということでしょうか。この身体的な面と社会的な面とはセットなので

しょうか。あるいは，身体に違和感はないが，服装は嫌だ，あるいはその逆ということもあるのでしょうか。

　また，ヒジュラの性的指向は男性を対象としていますが，ではヒジュラは異性愛者でしょうか，同性愛者でしょうか。逆に，ヒジュラと性交したいと思う男性の性的指向は，男性なのでしょうか，女性なのでしょうか。それともヒジュラという第三の性なのでしょうか。あるいはその人個人なのでしょうか。彼は，単に性交をしたいのでしょうか，相手が好きなのでしょうか，あるいはその両方でしょうか。好きだけど性交はしたくないという志向はありえるのでしょうか。

LGBTでは収まらない！？

　たとえばセクシュアルマイノリティをLGBT，つまりレズビアン，ゲイ，バイセクシュアル，トランスジェンダーと概念化して分類しようとしても，個々のケースがそれと完全に合致するとは限りません。そもそも私たちは，もし男として生まれたら→男として性自認する→男性にふさわしい振る舞いをする→女性を好きになる→女性と性交したいと思う→女性と結婚する……のが普通で，この矢印のそれぞれを必然的であると考えています。しかし，今見てきたように，いずれの矢印の段階でも，そうはならないこともあるでしょう。つまり，男として生まれたが，身体は／振る舞いは／あるいはその両方は女性として性自認する，男性を好きになる，でもセックスはしたくない，あるいは好きではないけどセックスはしたい，好きだけど結婚はしたくない／できない，など……。というように無限のバリエーションがあり，とても一つ二つの言葉に当てはめることはできません。

性別をどう答えるのか

　では，あなたの性別は？　と聞かれたとき，いったいどう答えたらよいのでしょうか。生物学的な性でしょうか，社会的な性でしょうか。生物学的／社会的の境界は，そもそも誰が決めるのでしょう。

　それならいっそのこと，本人の判断に任せてしまおうということで，イン

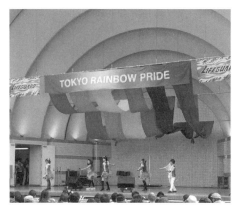

写真 4-3　TOKYO RAINBOW PRIDE 2015（林千尋氏提供）。性の多様性をうたうイベント。虹色の旗は，現在ではセクシュアルマイノリティの象徴となっている

ドでは，たとえば生物学的には男性に生まれた人が性転換手術を受けなくても，自分の性別を「女性」や「第三の性」にすることが認められています。自己申告に委ねられているわけです。また，ドイツの出生証明書には，性別が「不確定」という選択肢があります。フェイスブックのアメリカ版では，プロフィール覧の性別（sex ではなく gender です）は，「流動的」（gender fluid），「未確定」（gender questioning），「すべて」（pangender）などを含む58のオプションから選択できるようになっています。

　性のあり方は，まさに多様です。ジェンダーを生物学的な性から分離させたことは一つの発見ですが，そもそもその境界線自体も人間が引いたものですし，自然と社会をはっきりと二つに分類することもできません。両者が互いに影響しあって私たちの性にまつわる事柄はかたちづくられています。**セクシュアリティ**，すなわち性的な自認や欲望についてのあれこれは，生物としてのフォーマットのみではなく，社会的に構築されていくものでもあります。ただし，こうした新しい言葉を用いても，性のあり方のすべてを言い表せるわけではありません。新しい境界線を引けども引けども，同じことが起こってしまいます。まさに，今あるこの社会がとりあえずこう決めているという基準と，自らしっくりくるところとが折り合うポイントを見つけていくほかはないのでしょう。

5　日本のジェンダー意識

　さてこのあたりで，異文化の世界から身近な現実に戻ってみましょう。日

本の内閣府は、「夫は外で働き、妻は家庭を守るべきである」という考えについて、数年ごとに意識調査を行っています。最新の2014年の結果によると、賛成が44.6パーセント、反対が49.4パーセントと、かなり拮抗しています。また世代別に見ると、私の世代（40代）から、それより若い世代にかけても大きな違いは見られません。世の中の約半数の人は、いわゆる典型的なジェンダーが望ましいと考えていることがわかります。ただし、賛成と答えた人の理由を見てみると、たとえば、「家事・育児・介護と両立しながら、妻が働き続けることは大変だと思うから」「夫が外で働いた方が、多くの収入を得られると思うから」という回答がかなりあり、単に個人の主義や思想に止まらない問題も関わっていることがわかります。

現実は、女性も男性も、そうでなくてもよい、というわけにはいかない？
学生にも授業の感想とともにこの調査結果についての考えをたずねてみると、「ジェンダー研究で言われていることはもっともだとは思うけど、現実はやっぱり……」という声が多数です。具体的には、「子どもが小さいうちは、母親が家でみてあげるのがよい」という意見は、男子学生と、それよりは少ないですが、女子学生からも聞かれます。「女性は『仕事も、家庭も』になってしまうのが現実」というのは女子学生の意見です。たとえば内閣府のホームページによると、6歳未満の子どものいる家庭における夫の家事育児時間は、日本の場合1時間で、これは欧米諸国の約3分の1です。こういう現状があると、日本では、どちらかに専念した方がよいという考えに至ってしまうのかもしれません。

「日本の典型的な家族形態」は風前の灯火
そこで私はこう述べます。

「妻は専業主婦がいいという男性のみなさん、専業主婦になりたいという女性のみなさん、もちろんそれはそれでけっこうです。でも、婚活研究で有名な法政大学の山田先生によると、25歳から34歳までの独身男

性で，年収が600万円以上ある人は全体の3.5パーセントしかいません（朝日新聞　2009年10月17日）。つまり，専業主婦になりたい女性の方は，その3.5パーセントをめぐる競争に打ち勝つか，もしくは早めに勝負をかけておかねばなりません。妻には専業主婦として家にいてほしいと思う男性は，その数少ないパーセントに自分が該当するように，どうか頑張って下さい。」

　もちろんこれは極論ですが，しかしはっきりしているのは，夫がサラリーマンで妻は専業主婦という，いわゆる昭和モデルの男女と家族のかたちを，多数の人々が実現するのは今やかなり難しいということです。にもかかわらず，今日でも少なからぬ人たちの意識が依然としてそのモデルを引きずって様々な社会制度が設計されているのが現実です。ここでは政策立案までには至りませんが，文化人類学の知見から次のように言うことはできるでしょう。

そうでなくてもよいという可能性

　この本で考え続けているように，人間のやることなすことは，そうあらねばならないという取り決めと，そうでなくてもよいという可能性の間を行ったり来たりしています。ところが，こと男女や性のことになると，「そうあらねばならない」面が特に強く出てしまう傾向にあります。

　確かにわれわれは生物ですが，当然ながら生物としてのみに生きているわけではありません。性は単純明快なようで，本章で見てきた通り，実は限りないバリエーションがあり，突き詰めていくとその人個人の認識としか言いようのないところにたどり着きます。ですから，本来ならば「そうでなくてもよい」可能性に最も親和的な主題のはずなのです。

　そうあらねばならないかもしれないけど，そうでなくてもよいかもしれない。そうつぶやきながら，まずはあなた自身の性に改めて向き合ってみてはどうでしょうか。

【参照文献】
　朝日新聞　2009 年 10 月 17 日「貴女の「婚活」では結婚できませんよ」。
　織田正吉　2013『笑いのこころ　ユーモアのセンス』岩波書店。
　國弘暁子　2009『ヒンドゥー女神の帰依者ヒジュラ――宗教・ジェンダー境界域の人類学』風響社。
　ナンダ, セレナ　1999『ヒジュラ――男でも女でもなく』蔦森樹, カマル・シン（訳），青土社。
　内閣府　「夫の協力」http://www8.cao.go.jp/shoushi/shoushika/data/ottonokyouryoku.html（2016 年 10 月 17 日閲覧）。
　内閣府大臣官房政府広報室「世論調査」http://survey.gov-online.go.jp/h26/h26-joseikatsuyaku/2.html（2015 年 12 月 4 日閲覧）。
　ピーズ，A.／B. ピーズ　2000『話を聞かない男，地図が読めない女――男脳・女脳が「謎」を解く』藤井留美（訳），主婦の友社。
　ボーヴォワール　1966『第二の性』生島遼一（訳），人文書院。
Mead, M. 1935. *Sex and Temperament in Three Primitive Societies*. London: Routledge.
Mead, M. 1989. *Blackberry Winter: My Earlier Years*. Gloucester, Mass.: Peter Smith.

ブックガイド——さらに詳しく学びたい人のために

『「女の仕事」のエスノグラフィ——バリ島の布・儀礼・ジェンダー』
　　　　　中谷文美，世界思想社，2003年。
　　　　　バリの女性たちにとって仕事とは，機織りと数々の儀礼の準備のことを指す。
　　　　　一方，日本の女性にとっての仕事とは？　バリ社会から，私たちのジェンダー
　　　　　を照射する好著。

『セックスの人類学』奥野克巳・椎野若菜・竹ノ下祐二（編），春風社，2009年。
　　　　　こちらは入門書というより，性についての最新の人類学的な研究成果を集めた
　　　　　論集であるが，平易な表現で書かれているので，初学者でも大丈夫だろう。

『ジェンダーで学ぶ文化人類学』田中雅一・中谷文美（編），世界思想社，2005年。
　　　　　ジェンダーとセクシャリティの基本概念から，子育て，トランスジェンダー
　　　　　まで幅広いトピックを扱った教科書。巻末にはブックガイドがついており，
　　　　　さらに深く学びたい人にとって役に立つ。

『新宿二丁目の文化人類学——ゲイ・コミュニティから都市をまなざす』
　　　　　砂川秀樹，太郎次郎社エディタス，2015年。
　　　　　ゲイ・アクティビストとして活躍する著者が，新宿二丁目のゲイ・コミュニティ
　　　　　の形成と変容を丁寧に追った本。レインボー・プライドの成り立ちから現在に
　　　　　至るまでの経緯もよくわかる。

第5章

宗教
あなたの信じるものは何ですか

●キーワード●
妖術，科学，世俗化／ポスト世俗化

　文化人類学の入門書なのに宗教ですか。宗教を研究するのは宗教学ではないのですか。この章までたどり着いたあなたはそう思ったかもしれません。それに宗教と言うと，何か特別なことを信じたり祈ったりしている人たちをイメージして，自分とは縁遠いものだと思ってしまうのかもしれません。

　ところで，私は子どものころから阪神タイガースのファンですが，初めて甲子園球場のライトスタンドで観戦したという知人が言いました。「あれは宗教だね」。統一された衣装に身を包んだ人たちが，勇ましい音楽に合わせて熱狂的に叫び，喚起し，抱き合っている。それは何か宗教の儀礼のようだったのでしょう。そういえば，タイガースファンの間で「神」として崇められる存在があります。1985年にチームを優勝に導いたR.バースです。しかも興奮したファンにバースに見立てられて胴上げされたあげく，道頓堀川に落とされてしまったカーネル・サンダース人形の呪いのせいで，その後チームが低迷したという伝説まであります。こうしたことも宗教と言えるかもしれないと考えると，宗教もずっと身近に感じられませんか。

　はるか昔から人は自分の手には及ばない力のようなものを認め，それに畏れたり，祈ったりしてきました。そこで人は何をしようとしていたのでしょう。今の私たちは，そうした大きな力のようなものとどう向き合っているのでしょう。

1 つらいとき，苦しいとき，悲しいとき，あなたはどうしますか

あなたに相談です。

> 私は中学からいじめられてきた。(中略) 高校でも何も変わらなかった。別に今の自分の境遇を悲観しているわけではない。ただ，なぜこんなにつらいのに，私はここにいるんだろうと疑問に思っているだけだ。(中略) きれい事で答えてほしくない。人はなぜ生きるのだろうか。

これは，ある高校生の悩みとして，『朝日新聞』(2008年4月11日夕刊) に掲載されていた文章です。この高校生は，生きることに苦しみ，その意味を問いかけています。みなさんならどのように答えるでしょうか。友人から相談されたら，なんと言ってあげたらよいのでしょう。

答えなどない

「生きていれば，そのうちいいこともあるよ」とか，「あなたがいなくなったら，悲しむ人がいるよ」などと言ってみても，しょせんは人ごとのように聞こえてしまうかもしれません。そもそも，「こんなにつらいのに，なぜ生きるのか」という問いに，明確な答えなどないと言うべきなのかもしれません。あるいは，それを考えるのが生きるということなのではないか，としか言えないのかもしれません。生きるということは，はっきりとした答えのない問いに向き合い続けることでもあるのでしょう。

でも，知りたい

しかし，その一方で私たちは，わからないものをわからないままにしておきたくないというのも事実です。原因を知りたい。答えを知りたい。「○○が××だから▲▲になった」という筋の通った理由が知りたいと思うのです。

学生によると，就職活動で一番つらいのは，面接で落ち続けることだそうです。公務員試験などの筆記試験で落ちるのなら，点数が足りなかったんだ，次はここをもっと勉強すればよい，というように原因と対処の仕方がわかるから，まだいい。しかし，面接で落ちると，自分は選ばれなかったという否定的な結果のみが突きつけられ，自分の何が悪かったのか自分ではわからないし，相手も教えてくれないから，次にどうしたらよいかわからない。理由と対処法がわからないままに，自己否定感だけが積み重なっていくと言います。

こうしたところからも明らかな通り，私たちはわからないままにしておきたくないのです。説明を欲するのです。因果関係を知りたいと思うのです。現代の日本において，私たちは普通，多くのことが合理的に説明されるだろうという前提に立っています。たとえば，地震が発生して津波が起こるのは，地下の岩盤プレートがずれて，そのエネルギーが海の水に伝わるからというように。そしてその多くが，**科学**的な論理に基づいています。しかし，たとえば，その津波でなぜあの人は亡くなったのか，今どこにいるのかという問いは，科学的な論理から説明することは難しいでしょう。けれど，知りたい。納得のいくように説明してほしい。答えを出すのが難しい問いでも，その答えを追求せずにはおれないのもまた人間なのです。

2　あなたの宗教は？

ところで，あなたは何か宗教を信仰していますか。このようにたずねられたら，どう答えるでしょう。「特に何も信仰していない」という人が多いかもしれません。石井研士氏が行った調査によれば，日本で「特定の宗教団体に入っている」人の割合は6.8パーセント，「信仰を持っている」と答えた20代の人の割合は11.5パーセントだったそうです。またハフィントン・ポストによると，民間の調査会社が57ヵ国を調査した結果，日本は「無神論的な国」のランキングで2位だったということです。

しかし，ここで少し考えてみましょう。今，大学生のあなたは，受験の合

写真5-1　日本の盆の墓参りの様子。これは宗教とは言わない？

格祈願のために，神社にお参りしませんでしたか。実家には仏壇や神棚はないですか。お彼岸やお盆に墓参りをしませんか。正月には初詣に行ったのではないですか。『anan』の占い特集に目が向きませんか。パワースポットや癒しといった言葉に惹かれませんか。

　第3章の結婚を思い出して下さい。日本の結婚式の約7割は何らかの宗教的なスタイルにのっとって行われています。いわゆるお日柄のよい「大安」の日が週末に重なると，式場はたいへん混み合います。お葬式は約9割が仏教式です。子どもが生まれたらお宮参りに行きます。つまり，人生の始まりと終わり，そして結婚という大きな節目のいずれにも，宗教が関わっているということになるのです。

日本はスピリチュアルか

　私の授業を受講していたある留学生が，「日本ってとってもスピリチュアルな社会だと思う」という感想を書いてくれたことがありました。なるほど，そう思うのも無理はないのかもしれません。町を少し歩けば神社やお寺や祠がいたるところにあり，しょっちゅうお祭りが催されていて，しかも人々は一年あるいは一生のうちに儀礼的な行為を何度も行っているのですから。いかがでしょう。これでもまだ，「日本人の多くは宗教を信じていない」と言えるでしょうか。

　実はわれわれの周りは，宗教的なもので溢れているのです。にもかかわらず，私たちの大半は，「自分は宗教を信じていない」とか，「宗教の信者ではない」と考えています。それはどうしてでしょうか。「宗教」と聞いて，われわれが想像するのはどんなものでしょう。

宗教＝ religion ？

そもそも宗教とは，religion を訳した言葉です。なぜ訳す必要があったかというと，日本にはそんなものがなかったからです。ちなみに，中国語でも religion のことを「宗教」と言います（ただし「ゾンジャオ」と発音します）。それは宗教という言葉を日本語から取り入れて使うようになったからで，中国にも religion などなかったのです。

では，religion とは何か。思い切ってかなり大ざっぱな言い方をすると，それは，もともとはキリスト教のことでした。ヨーロッパ世界が拡大して他の世界と接触するようになると，たとえばアジアの仏教やヒンドゥー教などに出会って，「あ，これはわれわれで言うところの religion に相当するな」と見なすようになり，逆にこちら側でも「これは彼らが言うところの religion に当たるのだろうな」と考えるようになったのです。こうして，仏教やヒンドゥー教も定義の上ではキリスト教と同じ religion，日本語では宗教ということにしてみたのですが，もちろんキリスト教と仏教あるいはヒンドゥー教では神様や教義や信仰や信者のあり方はかなり異なっています。ですから，私たちの多く＝非キリスト教徒にとっては「宗教」を「信じる」ということが，どうも彼ら＝キリスト教徒たちのようにはいかないようです。

宗教＝ religion ＝キリスト教のようなもの，つまり絶対的な神がいて，教会のような施設があって，聖書のような経典があって，司祭と信者との組織があって，洗礼のような加入儀礼があり，他の宗教との境界をはっきりさせ，基本的には異教を認めない。そういうふうに宗教を捉えると，確かにそれは日本の多くの人には関わりが薄いのかもしれません。だから，私たちの多くは宗教は信じていないということになるのでしょう。

宗教を広く，相対的に捉えたなら

しかし，宗教をキリスト教のようなものに限定せずに，もっと広く，たとえば「人間にはかなわないような大きな力に対する畏れ」というふうに捉えたらどうでしょう。太陽の光や星の動き，大地や自然に宿るエネルギー，死者や祖先とのつながり，あの世や来世の存在，運命のようなもの等々。どれ

写真 5-2　キリストの像の前に集い，祈りを捧げる人々。われわれの宗教イメージの一つには，こうした場面があるのかもしれない

もわれわれの思い通りにはできませんが，日々の生活には密接に関わっていると考えられてきました。ゆえにわれわれは，それらにある種の恐れや畏敬の念を感じ取り，その原理を理解しようとするとともに，良いことがあればそれらに感謝し，不幸があれば救いを求め，幸多く災いなきよう祈りを捧げてきたのでしょう。そうした大きな力は，畏れであると同時に，説明のより所であり，因果関係の理(ことわり)でもあったのです。

このように，宗教を広義に，かつ相対的に解釈すると，確かに私たちの暮らしは宗教で充ち満ちています。宗教のない社会はない，とさえ言ってもよいほどでしょう。

ここで，冒頭の話題に戻りましょう。何かの理由や原因を知りたいとき，どんなふうに説明されたら，あなたは納得するでしょうか。もしその理由や原因がなかなか特定できないとしたらどうでしょう。しかし，それでも，わからないままにしておきたくはない。では，どうするか。

3　犯人は誰だ

アザンデの妖術師

ここではアザンデ人の妖術師を紹介しましょう。図5-1に挙げたエヴァンズ＝プリチャードによる『アザンデ人の世界——妖術・託宣・呪術』は，とても有名な人類学の古典です。

アザンデの人々は，アフリカのほぼ中央，現在の国名で言うとコンゴ民主共和国のあたりに住んでいます。身の回りで災いが起きたとき，アザンデの人たちはその原因を**妖術**に求めます。たとえば，穀物を貯蔵した高床式の小

屋があります。小屋の下は日影になりますから，人々はよくそこに座っておしゃべりをしたり，手仕事をしたりします。ところが，その小屋の足の部分がシロアリに食われて腐ってしまい，結果として小屋が倒れてしまうことがあります。もし小屋のなかや下に人がいたら，大けがをしてしまうかもしれません。

　実際に事故が起きたとき，ごく自然な成り行きとして，それはどうしてだ，と原因を考えるでしょう。答えは簡単。倉庫の足がシロアリに食われたからだ。なるほど，それはもっともです。私たちだと，これ以上はもう追求しないのではないでしょうか。しかし，アザンデの人たちはそこで終わりません。

　　シロアリに食われたのはわかる。しかし，なぜ俺の小屋が腐り，しかも
　　下に人がいるときに倒れてきたんだ？

　なるほど，もっともな疑問です。しかし，私たちの感覚だと，それは答えるのがとても難しい問いに聞こえます。そんなとき，アザンデの人たちは，きっと誰かが妖術をかけて小屋の足を腐らせ，自分に危害を加えようとしたんだ，と考えるのです。

　いったい誰が妖術をかけたんだ，そいつを見つけ出さなければならない。アザンデの人たちのなかには，そうしたことを明らかにするために毒託宣と呼ばれる一種の占いを行う人がいます。彼は鶏に問いかけながら毒を飲ませ，その鶏の苦しむ動き方などによって，誰が妖術をかけたのかを特定するのです。そして，妖術をかけたと疑われる容疑者のところに，死んだその鶏の羽を持って行きます。

　すると，妖術をかけた犯人だとされた人は，最初は否定します。「いやいや，俺はやっ

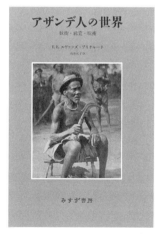

図 5-1　E. E. エヴァンズ＝プリチャード『アザンデ人の世界——妖術・託宣・呪術』の表紙

第 5 章　宗　教　81

ていない」と。ただし，託宣の結果を覆すことは困難です。なぜなら，妖術は，意図しなくても，自分の邪悪な心から知らず知らずのうちにかけてしまうことが多いと考えられているからです。つまり，彼には弁解の余地がほぼないのです。

さて，この妖術をかけたとされた容疑者はどうなってしまうのでしょうか。ここからは，多分に儀礼的な手続きに入ります。妖術をかけたとされた人は，弁明をしなければなりません。自分が妖術をかけたことは知らなかったということ，自分のせいで相手に危害を加えてしまったのなら，たいへん申し訳なく思うということ，自分はその人の回復を心から祈っているということを述べ，口に水を含んで，それを死んだ鶏に吹きかけます。これでまさに水に流して手打ちにしよう，はい，一件落着！　ということにするのです。

和を以て貴しとせよ

災いを妖術師のせいにするこの一連のやり取りには，社会のトラブルを未然に防ぐための実に巧妙なしかけがあります。つまり，問題の火種を小さいうちに取り除いてしまうのです。倉庫が倒れるという被害に遭った人はたまったものではないし，怒り心頭ですが，原因がわからないままだとその怒りのやり場がありません。一方，妖術をかけたとされた人が頑なにそれを否定し続ければ，双方の間で，「おまえがやった」「いや，やらない」と争いがヒートアップしてしまいかねません。そこで，占い師によって妖術師を特定してもらうことで，被害者の方は原因がわかってすっきりするし，また容疑者もわざとじゃないと言ってるんだから，水に流してやろうや，ということで，衝突がそれ以上深刻化することが防がれるのです。

妖術のリアリティ

もう一つ大切なことは，人々にとっての妖術のリアリティです。妖術師とされる人というのはたいてい，普段から怒りっぽかったり，協調性がなかったり，不潔だったりと，いわばトラブル・メーカー的な人物です。つまり，占い師がその人を妖術師だと特定すると，ああ，あいつか，それはさもあり

なんだ！　と大勢の人々が納得してしまうような人なのです。とりわけ，嫉妬の心は妖術を招くと考えられています。ですから，普段から，人の悪口を言ったり，ねたんだり，わがままに振る舞ったりせず，和を大切に仲良く助け合って暮らそうよ，さもないと妖術師にされてしまうよ，という価値観が共有されるわけです。一方，たとえば，村のなかで一人だけあまりに目立って成功したり，それをあからさまに見せびらかしたりしている人がいると，他人からねたまれて妖術をかけられるぞ，となります。だから，成功しても謙虚に，他人のことも配慮して，独り占めしないでみんなに分け与えようという価値観ができる。狭いコミュニティのなかで互いに顔の見える濃密なつきあいをしていくにあたって，重要な調和と協調性が養われているのです。

魔女狩り

　アザンデの妖術師とよく似ているのが，中世ヨーロッパの魔女です。ここでもコミュニティに災いや不幸があると，同じように魔女が魔法をかけているからだと考えられて，犯人捜し，つまり魔女狩りが行われました。魔女狩りについては，森島恒雄氏による古典的な名著のほか，画像や写真がふんだんに盛り込まれた黒川正剛氏の図説本もあります（図5-2）。

　魔女とされるのは，村の外れに一人で住んでいて，普段から周囲の人たちと交流しないような，いわばちょっと変わった人です。その社会で求められる規範からは外れた，アウトロー的な人物ということで，妖術師と全く同じです。しかも，魔女はキリスト教の異端とされ，魔女裁判はローマ・カトリック教会の名で実質的に公認されていました。当時ヨーロッパを覆っていたキリスト教の価値観に反する異端者として，魔女はあらゆる悪と不幸の原因とされたのです。

　魔女とされた女性は，広場にくくりつけら

図5-2　黒川正剛『図説　魔女狩り』の表紙

第5章　宗　教　83

れ，魔女裁判にかけられます。罪を認めたら，絞首刑にされます。認めなければ，ひどい拷問にかけられ，最後は火あぶりにされます。どうせ殺されるなら絞首刑の方がよいということで，ほとんどの魔女が罪を認めたようです。今の私たちの常識からすると，これが客観的な証拠に基づいた罪の確定ではなくて，強制的な自白であることは明らかでしょう。つまり，魔女としてそこへ連れてこられた時点で，彼女の命運はもう決まっているのです。だから，普段から魔女と疑われないように，みんなと仲良く協調性をもって生きなさいよ，という価値観が醸成されるのです。

その不倫は誰に対する罪なのか

みなさんのなかにはこう思った人もいるのではないでしょうか。アザンデの妖術師の話もヨーロッパの魔女の話もひどい。本当に罪を犯したかどうかわからない人を一方的に裁くなんて理不尽ではないか，と。しかし，ここで立ち止まって考えてみましょう。自分には理解しかねる習慣や出来事が他の社会にあったとき，実は自分たちの身の回りにもそれによく似たことがあるのではないか，と常に思い巡らせてみるのが文化人類学的な思考の練習です。

ここのところ，テレビで芸能人や政治家が謝罪会見のようなことをしている様子が頻繁に報じられていました。この人たちは結婚をしているのに，他の人と関係を持ってしまったらしいのです。いわゆる不倫・浮気というやつです。さて，この人たちは，いったい誰に対して謝っているのでしょうか。自分の，もしくは相手のパートナーに対してというなら，まだわかります。しかし，どうもそれだけではなくて，「お騒がせしてすみません」と，不特定多数の，いわゆる世間に対して謝罪しているようでした。しかし私も含めた多くの人たちは，この人たちから何か直接的な損害を被ったわけではありません。ですから，問題はそこではないのです。

社会の規範に背くという大罪

アザンデの妖術師もヨーロッパの魔女も，それぞれの個別的な罪が問題にされながら，実はもっと大きなもの，つまりコミュニティの調和だったり，

キリスト教の教えだったりと，その社会で重要とされている価値観であり世界観を脅かしかねない因子として裁かれたのでした。不倫・浮気をしてしまった人たちは，それ自体は極めてプライベートな出来事でありながら，私たちの社会が大切だと考えている一夫一婦の婚姻制度を揺るがしかねない罪を犯したとして糾弾され，社会全体に謝罪を迫られていたのでしょう。結婚というものが上手くいかないのはなぜか。夫婦関係のトラブルの原因は何か。その理由の一つは，こんな不届きな輩がいるからだ！　はっきりとはわからない問題の原因を何かに負わせることで，不安が取り除かれて，どこかすっとした気持ちになる。だから不倫や浮気はいけないのだ，一人のパートナーだけをずっと愛し続けなければならないのだ，という価値観が確認されて強化される。私たちがワイドショーで目にしたあの芸能人や政治家は，一夫一婦の婚姻制度という，この社会で極めて重要とされている仕組みをないがしろにした咎(とが)で裁かれているという点で，アザンデの妖術師であり，中世ヨーロッパの魔女でもあったのです。

4　あれも宗教，これも宗教？

　さて，ここまで，キリスト教や仏教から占いや癒やしまで，妖術師や魔女から不倫をした著名人まで，様々な事柄を宗教というキーワードで考えてきました。姿かたちはいろいろですが，どれも普通の人には及ばないものへの畏れであり，何かを説明したり原因を明らかにしたりするための手段である点では共通しています。悪いのは誰か，この災いはなぜ起きたのか，世界はどうやってできたのか，人間はどうやって生まれ，死んだらどうなるのかなど。結局のところ，みんなこれらについて考え，説明しようとしてきたのです。そう考えると，あれも宗教だし，これも宗教だと言うことができるのかもしれません。

宗教などない！？
　すると逆に，こうした問いについて考え，説明しようとしているものは，

宗教だけではないということにも気がつきます。上に挙げたように，災い，たとえば地震発生のメカニズム，地球や宇宙の始まり，人間の生死，これらはまさに，科学が研究して，説明しようとしている問いでもあります。宗教が一生懸命に取り組んでいる問いが，普通は宗教だと見なされない分野でも扱われているとすると，ではいったい，それらと宗教は何が違うのか，何が宗教を宗教たらしめているのかということも，だんだんはっきりしなくなってきます。占いも，妖術も，ワイドショーの芸能人糾弾も，それに科学のやっていることも本質はみな同じという相対的な理解に至ると，宗教という対象の輪郭がほとんどぼやけてしまいます。「あれも宗教，これも宗教」は，裏返すと，「宗教なんてないのかも」ということでもあるのです。

誰がどの立場でそう言っているのかが大切
　しかし，いわゆる歴史のある教団や宗派に属して信仰を実践している人たちは，「いや，私たちと，そんな迷信くさいものや科学などを一緒にしないでほしい」と言うかもしれません。確かに，学術的な業界でよくやるように，絶対的な神がいる，体系的な教義がある，信仰活動のための組織と機構が整っているという指標でそれぞれを分類することもできるでしょう。実際に世間一般でも，キリスト教やイスラーム教や仏教などの成立宗教あるいは世界宗教と，占いやおまじないなど民間信仰とははっきりと区別されています。
　このように，①人類学などの相対的な視点から「実質的には同じようなことをしているかもしれない」という理解，②世間に広く一般的なものとして定着している理解，そして，③当事者たちの理解は，多くの場合，完全には一致しません。ですから，この①，②，③の区別に自覚的になり，自分は今どの立場からものごとを眺めているのか，誰に対して語ろうとしているのかを常に意識することが大切です。

5　科学は特別か

　もし，理系の方がこれを読んでおられたら，「宗教と科学が実質的には同

じなんて，とんでもない！」と，やはり憤慨されるかもしれません。物事の因果関係を説明しようとしている点では確かに同じかもしれないが，そのやり方は根本的に違うと。では，いったい何が違うのでしょうか。文系のみなさんも考えてみて下さい。

科学の定義

科学の定義は難しいですが，あえて単純に言うと，証明可能性と再現可能性こそが科学の科学たるゆえんではないでしょうか。つまり，あるものごとについての説明が証明できるということ，そしてそれは同じ条件の下でなら誰でもいつでも再現できるということです。たとえば，あの地震は神の怒りによって起こったという説明は，それを信じる人たちにとっては正しいとしても，それ以外の人たちに対して客観的に証明することは難しいでしょう。一方，海底プレートがずれたことは実際に観察できましたし，そのずれで揺れが生じることは研究室の実験装置によって再現でき，同じ条件にすれば誰が操作しても同じ結果になるのでしょう。よって説明は証明され，かつ再現されたので，そこにあるのは科学的な事実だけだということになります。

科学は科学的か

ただ，引き続き考えねばならない問題があります。それは，こうした証明可能性と再現可能性の上に成り立っているのが科学だとしても，科学だとされているものが常に科学的だとは限らないということです。

あえて比較的最近のわかりやすい例を挙げると，私たちが福島の原発事故やSTAP細胞問題で知ったのは，科学という名の下に行われていたはずのプロジェクトや実験が，科学だけに止まらない，たくさんの他の要素によって成り立っていたということです。原発は安全で最も効率的なエネルギーだという見解や，若い女性の研究者がユニークな発想でSTAP細胞の発見に至ったという成果は，実に様々な政治的な駆け引きや経済的な利権などが結びついて導き出された，いわば混合物（ハイブリッド）でした。にもかかわらず，それは科学として私たちの前に提示されていました。もちろん，ある

プロセスでは純粋に科学的な手続きがとられていたこともあったのでしょうが，事故が起こるまで，あるいは研究の手続きに疑問が投げかけられて話題になるまで，そうした混合性がそのまま私たちの前に開示されていたわけではありませんでした。それどころか，複雑な混合物はむしろ純粋な科学の知見であるかのように世の中に流通してしまっていたのです。こうなると，科学がどこまで科学的なのか，かなり疑わしいと言わざるをえません。

科学は信じる対象か

本来ならば，科学に関わる発想・手法・成果はどこまで科学たりえるかという点さえもが問い続けられ，証明と再現の可能性が追求され続けるいとなみこそが科学なのでしょう。科学は科学的なのかという問いをそれこそ科学的に問わないのならば，もはやそれを科学とは言えないはずで，むしろ科学という大きな力への畏れや信仰といったものに近くなってくるでしょう。大きな力への畏れや信仰……。どこかで聞いたフレーズです。そう，冒頭で挙げた宗教を広く捉えたときの定義と同じです。物事の理由や因果関係を説明しようとしているという点で，宗教も科学もその本質はやはり通ずるところがあるようです。

科学をこのように相対的に捉え直すという研究はラトゥールが『科学が作られているとき』で詳しく展開していますし，それをわかりやすく解説した松村圭一郎氏の文章もありますので，興味のある方は読んでみて下さい。

6　神なき世界を生きることができるか

ここまで読んでこられたみなさんは，私たちが常に説明を欲し，因果関係を知りたいと思うということは，おわかりいただけたでしょうか。そのために用いるのが宗教と呼ばれるものであれ，科学と呼ばれるものであれ，あなたの生きる社会において大筋で合意されていて，そしてあなた自身がしっくりくる説明の仕方をとりあえず採用している。これが信じるということだと言ってもよいのかもしれません。

社会の世俗化と宗教の私事化

そもそもヨーロッパにおいて，説明のための原理は絶対的にキリスト教でした。この世界も人間もあらゆるものは神が創造し，王の権威は神によって授けられたがゆえに，王は神の名の下に人々を支配することができるとされていました。一年の生活のリズムは神や聖人の記念日で刻まれ，週末には教会で祈りを捧げ，人々の生活はまさにキリスト教と共にありました。しかし，科学による発見と啓蒙思想，産業の振興による市民の台頭，王制の打倒などにより到来した近代は，神からかなりの程度，人々を解放しました。もちろんヨーロッパと一口に言っても国ごとに細かな状況は違いますが，おおむね宗教は政治や教育といった公的な領域からは退出させられたのです。これを社会の**世俗化**と言います。同時に，宗教信仰の自由は認められますが，それはあくまで個人の問題とされるようになりました。これを宗教の私事化と言います。西ヨーロッパにおいて，週1回以上教会に通う人の数は10パーセント程度になっています。また，環境保護やケア実践や慈善行為など，必ずしも既存の宗教の名を語らなくとも，スピリチュアルな力や価値と結びついた活動が各地で試みられています。

宗教復興とポスト世俗化

しかし，聖書の価値を見直そうという運動や，聖人ゆかりの地を訪れる聖地巡礼，あるいは原理的な主張を唱える宗教団体の活動もまた私たちの耳目を集めるようになっています。**ポスト世俗化**とも呼ばれる動きです。このように見てくると，社会は世俗化しつつも，宗教の存在意義は失われていないように思えるかもしれません。しかし，世俗化自体が，宗教＝キリスト教であった西洋キリスト教世界を中心とした概念であるということは，本章を読んでこられたみなさんにはおわかりでしょう。目下，各地の「宗教なるもの」の来歴と現在を細かに捉えつつ，それらを横断して捉える研究が進められています。こうした研究は英語圏ではタラル・アサド氏，日本では磯前順一氏が中心になって取り組んでいますから，興味を持たれた方は読んでみて下さい。

そして,あなたの指針は？

　時代が変われど,場所が変われど,人は説明のための何らかの指針のようなものを必要としていることには変わりありません。そして,ともすれば,はっきりとしたわかりやすい言い方に,私たちは惹かれてしまいがちです。あれでもいい,これでもいい,自由に選んでいいですよ,その代わり,責任は自分でとって下さいね,という方向に向かいつつあるのが現代社会の一つの側面です。しかし,これでは,多くの人が実は困ってしまうのではないでしょうか。だから明確な指標,たとえば科学的な方法で数値化された(とされる)ランキングのようなものが求められるのでしょう。あるいは,はっきりとした,胸のすくような大きな声の主張が,一部では喝采されるのでしょう。

　さて,あなたは何を指針として生きますか。日々の生活のより所は何ですか。今は「そうあらねばならない」と強く信じていることも,それはいつか変わるかもしれませんし,考え続けても答えが出ないということもあるでしょう。「そうでなくてもよい」という可能性は,ここでも常に開いています。

【参照文献】
　アサド,T. 2004『宗教の系譜——キリスト教とイスラムにおける権力の根拠と訓練』中村圭志(訳),岩波書店。
　朝日新聞 2008年4月11日夕刊「悩みのレッスン　人はなぜ生きる」。
　石井研士 2011『世論調査による日本人の宗教性の調査研究』(平成20年度〜22年度科学研究費補助金　基盤研究(B)研究成果報告書　研究課題番号 20320014) http://www2.kokugakuin.ac.jp/ishii-rabo/data/pdf/201102.pdf#search='%E6%97%A5%E6%9C%AC%E4%BA%BA+%E5%AE%97%E6%95%99+%E6%84%8F%E8%AD%98' (2015年12月4日閲覧)。
　磯前順一 2012『宗教概念あるいは宗教学の死』東京大学出版会。
　エヴァンズ＝プリチャード,E. E. 2001『アザンデ人の世界——妖術・託宣・呪術』向井元子(訳),みすず書房。
　黒川正剛 2011『図説　魔女狩り』河出書房新社。
　ハフィントン・ポスト 2013「『最も宗教的な国』と『最も無神論的な国』ランキング」http://www.huffingtonpost.jp/2013/07/25/most_religious_countries_least_religious_

n_3650130.html（2015 年 12 月 4 日閲覧）．
松村圭一郎　2011「所有の近代性——ストラザーンとラトゥール」春日直樹（編）『現実批判の人類学——次世代のエスノグラフィへ』pp.54-73，世界思想社．
森島恒雄　1970『魔女狩り』岩波書店．
ラトゥール，B.　1999『科学が作られているとき——人類学的考察』川崎勝・高田紀代志（訳），産業図書．

ブックガイド——さらに詳しく学びたい人のために

『呪われたナターシャ——現代ロシアにおける呪術の民族誌』
　　　　藤原潤子，人文書院，2010 年．
　　　　　　現代ロシアの少なからぬ人たちの間では，呪術がまるでアザンデ人たちの妖術のような影響力とリアリティを持っている．あらゆる悩みや苦しみを呪術によって説明し，解決しようとする人々についての詳しい記述を読んでいると，それを信じていないこちらの方が間違っているのではという感覚に襲われる．

『死と病いの民族誌——ケニア・テソ族の災因論』長島信弘，岩波書店，1987 年．
　　　　災いをどのように説明し，それにどう対処するのかについて迫る大著．テーマとしては本章で扱っているエヴァンズ＝プリチャードの『アザンデ人の世界』とも共通するが，それよりはかなり読みやすい著作に仕上がっている．

『聖地巡礼——世界遺産からアニメの舞台まで』岡本亮輔，中央公論新社，2015 年．
　　　　『聖地と祈りの宗教社会学』で宗教学会賞を受賞した著者が一般向けに書き下ろした新書．スペインのサンティアゴ・デ・コンポステラ巡礼から，青森県三戸郡のキリストの墓，アニメの舞台まで，聖地とそこを訪れる人々を追う．この本を読めば，何が宗教で何がそうではないか，さらには信仰とは何かを考えずにはおれなくなるだろう．

第6章

儀礼
どのように境界が設けられるのか

●キーワード●
境界，通過儀礼，分離・過渡・統合

　儀礼とか儀式とか，退屈でつまらない。いったい何の意味があるのか。どうしてそんな面倒くさいことをしなければならないのか。

　そう思ったことはありませんか。そんなあなたは文化人類学に向いているかもしれません。文化人類学者たちは，これまで儀礼の意味や役割について熱心に考え続けてきたからです。それは，なぜでしょう。

　ためしに今，白い紙を用意して，その中央に上から下にまっすぐ線を引いてみて下さい。そしてその右側と左側に，対になると思われる事柄を思いつくまま書いていって下さい。そのまま「右」と「左」から始めるのもよいかもしれません。他には何を思いつきますか。東と西とか，夏と冬とか……たくさんあるでしょう。

　思いつくだけ書いてみたら，少し考えてみて下さい。その中心の線上には何があるのでしょうか。それは何を意味しているのでしょうか。あるいはそれが少し右に動いたり，左に動いたりしたら，あなたが書いたものはどうなるでしょうか。

　これだけでは何のことかわかりにくいでしょうか。では，本論に入ってゆっくりと考えていきましょう。

1　その境界はどこか

あなたは大人？

　今これを読んで下さっているあなたは，自分のことを大人だと思いますか，子どもだと思いますか。学生にこれをたずねると，ほとんどが「子どもだと思う」と答えてくれます。「法律的には大人だけど，実際には子どもです」と答えてくれたのは20歳以上の学生です。その理由は，「まだ学生だし，親に養ってもらっているから」というものでした。

　私は恥ずかしながら！？　31歳まで学生でしたから，アパートを借りるのにも親の保証が必要でしたし，奨学金などを申請するのにも親の収入等を記載しなければなりませんでした。年齢だけで言えば31歳は立派なおじさんですが，世間の扱いでは子どもです。つまり，大人には法律的な大人と社会的な大人の2種類があって，前者は20歳という年齢，後者は働いて収入を得ていることがその条件だとされているのでしょう。

　そもそも20歳で成人とされるようになったのは明治時代からです。それ以前の，たとえば武家社会では，男子は14, 5歳の元服をもって大人の仲間入りをし，戦に出て戦うという務めを果たしました。また，他の国の成人年齢を見ても，18歳のところもあれば，21歳のところもあって，まちまちです。日本でも18歳にしようという引き下げ案が議論されています。大人の定義も**境界**も，時代によって，あるいは社会によって様々で，絶対的な基準のようなものがあるわけではないのです。

命はいつから？

　次の質問です。私たちは，どの段階から生命だと言えるのでしょうか。オギャアと生まれてきたときでしょうか。では，お腹のなかにいるときはまだ生命ではないでしょうか。あるいは，精子と卵子が受精したとき？　すると，たとえば受精卵に対して，殺人罪が適応されるでしょうか。もう少しわかり

やすく言うと，堕胎，つまり人の手で妊娠中絶をすれば，罪に問われますか。

　現在の日本では，人工妊娠中絶ができるのは，妊娠 22 週目までとされています。しかし，1976 年以前は 28 週目までで，後に徐々に短縮され，現在のように 22 週目までと決められたのは 1990 年です。その基準は胎児が母体の外で生命を維持できるかどうかですから，医療技術の向上によって，より早く生まれてきても生存していくことが可能になったために，中絶可能な期間はより短く設定し直されたのです。いわば命か否かの境界線が動くのですから，不思議な気がしませんか。

　しかも，日本の外に目を向けると，たとえばキリスト教の教義では妊娠を目的としない性交は罪ですから，厳密には避妊や，男性であれば自慰は許されませんし，もちろん人工妊娠中絶もしてはいけません。亡兄の妻との性交で膣外射精をしてしまい，神に殺されたオナンの物語は第 3 章で紹介しました。ですから，キリスト教圏の国々において人工妊娠中絶は，現代では法律により条件付きで認められていても，タブー感は日本よりずっと強いですし，アメリカでは選挙の争点の一つになるくらいです。

　対照的なのは，アマゾンに住むヤノマミという人々です。ヤノマミでは，生まれたばかりの赤ちゃんはまだ人間ではなく，精霊だと考えられています。ですから，それを育てるかどうかは，産んだ女性が決めます。もし育てないことにしたなら，「精霊のまま天に返す」，すなわち首を絞めて白蟻の巣のなかに入れます。私は今「赤ちゃん」と書きましたが，ヤノマミの理解ではそれはまだ人間ではないのですから，正確には赤ちゃんではありません。私たちから見ると，生まれてきた子を殺してしまっているのですから，ショッキングなのですが，22 週目まで人工的に中絶ができるというのもまた，それが禁じられている社会の人から見れば残酷なことかもしれません。なお，ここで紹介したヤノマミについての記述は，2009 年 2 月 16 日に NHK で放送されたドキュメント『ヤノマミ——奥アマゾン原初の森に生きる』，およびそのディレクター国分拓氏による単行本『ヤノマミ』に基づいています。興味のある方はご覧下さい。

いつからが死？

　三つ目の質問です。命の始まりとは逆に、私たちはどの時点で死んだということになるのでしょう。心臓が止まったらでしょうか。あるいは呼吸が止まったらでしょうか。いわゆる心肺機能の停止ですね。では、脳死とか臓器移植という言葉を聞いたことがありますか。脳死とは、脳の機能が失われ、回復が見込めなくなった状態です。たとえば、事故などによって脳は死んだ状態にはなったが、心臓はまだ動いている、あるいは人工呼吸機等によってその動きが保たれている、血も流れ臓器も機能している。このとき、人は生きているのでしょうか、死んでいるのでしょうか。

　かつて日本において、この状態では人はまだ生きていると見なされていました。しかし、1997年に臓器移植法が施行され、事前に本人の意思が確認できていれば、臓器の移植という目的に限って、脳死は死であるとされるようになりました。つまり、まだ心臓が動いている身体から臓器を取り出して、必要とする人に移植することが可能になったのです。人の死こそ絶対的に明確な現象だと思うかもしれませんが、じつはその境界は動きうるのです。極端に言うと、昨日まではまだ生きていると考えられていた人は、同じ状態でも明日には死んでいると見なされるようになるかもしれないということです。

境界など本来ない

　このように生命と生命以前の間にも、子どもと大人の間にも、生と死の間にも、本来的には明確な境界線はありません。私たちには、20歳になったからといって、たとえば蝶のサナギが成虫になって飛び立っていくような、劇的な変化は起こりません。声変わりをしたり、初潮を迎えたり、大人としての責任感が芽生えたりといったタイミングは個々人によってまちまちで、決して20歳になったからといって、みながいっせいにそうなるわけではないのです。

2　境界を設ける

世の中は境界だらけ

　しかし一方で，私たちは本来は存在しないはずのところに境界線を引いて，これとあれ，ここまでとここからを分けようとします。そういう目で周りを見渡してみると，世界は私たちが決めた区切りと境界線で溢れていることがわかるでしょう。1 時間は 60 分，1 日は 24 時間，1 年は 365 日。授業時間は高校ならたいてい 50 分，大学なら 90 分。国境から，県境，市の境から家と家の境界まで。まさに枚挙にいとまがありません。

　そしてこの区切りをきちんと理解し，それぞれのときや場面にふさわしいとされるように振る舞うというのが，その社会の文化を身につけて成長していくということです。たとえば，私たちは，仕事（勉強），遊び，食事などを明確に区別しています。テレビを見たり音楽を聴いたりしながら勉強するのはよくない，けじめをつけなさいとか，食事時は集中して食べなさいなどと言われてきたことでしょう。

子どもは区別しない

　しかし，小さな子どもを見ていると，勉強も，遊びも，食事もすべてがつながっていて，区別などしていない（できない）ことがよくわかります。ようやくスプーンやフォークを使って何とか自分で食事ができるようになった子どもは，ときにご飯を手でつかんでにちにちと握ってこね，味噌汁をひっくり返してびしょ濡れにしたテーブルの上を手でバシャバシャとやり始めます。それを見た大人たちは目を覆い，「あ〜」と落胆しつつ，あわててテーブルを拭きます。しかし，よく考えてみると，これはその子どもが昼間に砂場で泥遊びをしていたときと同じ所作なのです。違うのは，泥遊びのときには問題なかったバシャバシャが，食事時には「ダメ，ダメ！」と止められることです。あるいは，握ったご飯，つまりおにぎりを口に運ぶと，「えらいねー，食べられたねー」と褒めてもらえるのに，こねた泥団子で同じことを

写真 6-1　おにぎりをガブッ！　　　　写真 6-2　これもおにぎり？　食べていい？

すると大人たちがあわててそれを止めることです。子どもにしてみたら、同じようにお団子をつくって食べようとしているのに、あるときは褒められ、あるときはしかられ、訳がわからないでしょう。

　つまり、生まれてから1年半ほどの子どもには、遊びと食事の間に区別はないのです。しかも、そうやっていろいろなことを学んでいくのですから、それは子どもにとって勉強でもあります。遊びながら、食事をしながら、勉強しながら……。いろいろな「ながら」が連続しています。しかし、泥団子は食べるものではないし、遊びながら食事をしたのでは、この先いろいろと困ってしまうでしょう。それで周りの大人は教えるのです。食べてよいものとよくないものの区別、遊ぶときと食べるときの区別……あらゆる区別を。そして子どもたちは次第にそれを身につけて大きくなっていきます。つまり、その社会でふさわしいとされた文化を身につけていくのです。

　このように、私たちの周りは私たちが決めた境界と区切りで溢れています。みなさんも挙げてみて下さい。そして、いずれの境界も区切りも本来的に備わっているものではなく、私たちがこうしておこうと決めているにすぎないということを確認しましょう。

境界がないならどうするのか

　このように本来的には存在しない区切りや境界ですが、とりあえずは決め

ておかないと具合が悪いのも事実です。たとえば子どもと大人では，あるいは，生きている人と死んでいる人では，様々な面で同じ扱いをするわけにはいきません。しかし，繰り返すようですが，そこには目に見えるような，本来的な分かれ目はありません。ならば，どうするのか。

　儀礼をするのです。儀礼をして，区切りをつけるということを，本人にも，周りにも，強く意識させるのです。特に，その前後で立場や身分を変えるために行う儀礼を**通過儀礼**と言います。

3　フルベの成人儀礼

　西アフリカにフルベという人たちが住んでいます。民族学者の小川了氏は，このフルベについてたくさんの興味深い研究をしてきました。ここでは通過儀礼の事例として，小川氏の報告を元に，フルベの人たちの成人儀礼を見ていきましょう。

少年たちを小屋へ——分離

　男の子は10歳から12歳になると，成人儀礼を受けるために，小屋に集められます。この小屋は，普段生活している村からは少し離れたところにあります。付き添い役の青年と大人の男性以外はこの小屋に近づくことはできません。つまり，儀礼を受ける者を日常から隔離するのです。また，少年たちは，全身に白の衣装を身につけなければなりません。普段とは違う格好をさせられるわけです。服装の上からも日常とは異なった状況に身を置くということです。同時に，彼らはもはやそれまでのように子どもではないという点でも，元いた状況から**分離**されたということになります。

試練と割礼——過渡

　日常から隔離され，子どもという元の身分からも切り離された彼らは，今まさに子どもでも大人でもないという**過渡**期にいます。ここで彼らを待ち受けるのは，様々な試練です。大人になるために過酷な試練を乗り越えなけれ

ばならないのです。

　最大の試練，それは割礼です。つまり，ペニスの包皮を切除するのです。麻酔などはせず，ナイフで切るのですから，当然，怖いでしょうし，痛いでしょう。この恐怖と苦しみに耐えることが大人になるために必要な試練なのです。また，ペニスの亀頭部分が皮に包まれているのは子ども，露出しているのは大人の象徴とされていますから，割礼による包皮の切除はまさに子どもから大人になるという象徴的な意味もあるのです。

　割礼による傷が癒えるまでの1ヵ月間，さらにいくつもの試練が課されます。彼らには，すでに成人になった世話係の青年が食事を運んできてくれます。しかし，その食事はときにものすごく多かったり，少なかったりして，しかもヒツジの糞が混ぜられていることもあり，男の子たちを苦しめます。また，世話係からなぞなぞのような問いかけがなされ，上手く答えられないと，ムチで打たれます。

大人として村へ——統合

　こうして様々な試練に耐え，割礼の傷が癒えるころ，男の子たちは衣服を脱いで，身体をきれいに洗い，新しい服を身につけて，大人として村に戻ります。もう，少年ではありません。立派な大人として振る舞うことが求められ，また周りもそのように接するでしょう。日常から隔離された少年たちは，厳しい儀礼を経ることによって大人になり，日常のコミュニティに再び**統合**されるのです。

分離・過渡・統合

　このように，通過儀礼は，分離・過渡・統合という三つのステージから成り立っています。すなわち，少年であった男の子たちは，村での日常生活から切り離されて，儀礼のために小屋に隔離される。これが分離です。そして，もはや子どもではない，しかしまだ大人ではないという過渡期に置かれ，様々な試練を経験しなければなりません。これが過渡です。そして，この試練に耐えれば，今や大人として，再び日常に戻されます。これが統合です。

フランスの人類学者であるファン・ヘネップは，この分離‐過渡‐統合が通過儀礼の共通の構造であるということを明らかにし，著書『通過儀礼』にまとめました。みなさんが体験したことのある儀礼でも，それが当てはまるか考えてみましょう。

4　高校の通過儀礼

　私が大学の授業でこの話をすると，必ず何人かの学生が，それはまさに自分が高校の入学時に体験したことにぴったりと当てはまる！　と言ってくれます。私がこれまで話を聞いたところでは，東北と北陸の一部の高校，特に旧制中学や旧制高校の流れをくむ，歴史ある高校では，たいてい同様の通過儀礼を新入生に課しているようです。ここでは，特に宮城県のある高校の事例を中心に，それを紹介しましょう。

応援歌を覚える
　高校の入学式前のオリエンテーションの際に，新入生たちにはCDが配られます。1枚100円ほどで購入しなければならない高校もあるようです。そして，入学までに，そのCDに入っている応援歌を覚えてくるように，と言われます。

新入生だけで体育館へ——分離
　入学式が終わり，高校生活がスタートした第1週目の金曜日の6時間目に，応援団および上級生との対面式が行われます。これを応援団への入団式と呼ぶ高校もあります。生徒全員が応援団になるわけです。こうした催しの際，担任の先生は新入生たちに「じゃ，講堂に行くように」としか言わず，ほとんど関与しません。まさに，新入生だけの状態にされるというわけです。

応援歌の練習——過渡
　新入生たちは何があるのだろうと，おそるおそる講堂に向かいます。なか

に入ると，そこには2，3年生と応援団幹部が待ち構えていて，口々に叫び声を上げ，怒号が渦巻いています。「さっさとしろ！」とか，「走れ！」とかいう命令が飛び交うなか，新入生はあわてて所定の位置につきます。かつてはこのときに新入生に向かって生卵などが投げつけられたりして，式が終わるころには制服がぼろぼろになり，屈辱的な格好で帰宅しなければならないということもあったようです。さすがに今では生卵は投げないようですが，水風船は飛んできます。一人ひとりが壇上に上げられ，上級生から罵声を浴びせられる高校もあると言います。なお，新入生はこの時点ではまだ，それぞれの中学校の制服を着てこなければなりません。言ってみれば，中学校は卒業したものの，新しく入った高校の正式な一員にはまだ認められていないという，どっちつかずの状況に置かれているわけです。

　さて，新入生が上級生と相対していると，突然，舞台の幕が上がり，そこには応援団の幹部が勢揃いしています。団長は長く伸ばした髪で顔を覆い，新入生がその表情をうかがい知ることはできません。応援団の幹部からは，いくつかの規則が伝えられます。校内で幹部が視界に入ったら「ウス」と挨拶をすること，団長の影は踏まないこと，幹部の前は歩かないこと，声をかけられたら「ヨシ！」と返事をすること……。「わかったな！　おい，お前！」「……」「お前だ！　お前！！」「あっ，はい」「はいじゃねえ！」「ヨシ」「声が小さい！」「ヨシ！」というやり取りが交わされます。こうした注意事項や新入生が身につけるべき精神は，その後頻繁に配布される「団報」によって周知が図られます。

　次いで応援歌の練習です。幹部たちが，「覚えてきただろうな！！」「歌え！」とすごんで命令します。このときは新入生全員が歌い始めるのですが，さすがに初日で歌詞を覚えてきていない者も多いですし，声も小さいので，幹部は「やめろ！！！」と怒鳴り，自らが手本を示します。また応援歌を歌うときの手を頭上に上げるポーズを教えられ，長時間その体勢を維持するように指示されます。

　こうした練習はその後2週間，朝のホームルーム前と放課後の30分間，毎日繰り返されます。先生たちは全く関与せず，新入生と応援団の幹部，そ

れに有志の上級生のみによって，講堂や屋上という隔離された場所で行われるのです。日が経つごとに厳しさは増し，声が小さかったり，きちんと覚えていなかったりすると，幹部から怒鳴られ，前に残されます。

　この応援歌の練習は，5月に行われるライバル校との定期戦に向けてのものです。定期戦の数日前，両校の生徒が市内中心部でアピール行進と呼ばれるパレードを行います。応援団の幹部は袴や学ラン，あるいは純白の長ランに身を包み，他の生徒たちも水着やアニメキャラクターのコスプレなど奇抜な格好をして歯の高い下駄を履き，鐘や太鼓で大音量を上げて高校の名前を連呼しながら商店街を進みます。その様子は迫力があり，道行く人たちの注目を浴びます。この街の一つの風物詩と言ってよいでしょう。

　両校の生徒はそれぞれ別のルートを行進し，決まった地点で一度すれ違います。その際に新入生が相手校に対してヤジを飛ばし合います。「○○（相手校の幹部の名前）メタボ健診ひっかかる～」など，相手を揶揄するセリフが基本で，なかには文字にはしづらい過激なものもあります。その後さらに市内を練り歩き，最後に公園の広場で再び相対します。応援団の幹部どうしが口上を述べ合い，定期戦での健闘を誓い合うのです。

定期戦に臨む――統合

　このパレードの後，新入生たちは卒業した中学校の制服ではなく，本来のその高校の服装，私服なら私服で登校することが許されます。高校の正式なメンバーと認められ，応援団の一員として上級生らと共に定期戦に臨むのです。

　定期戦で最も盛り上がるのが野球の対抗戦です。これは私も驚いたのですが，テレビで放送もされるほどです。勝てば，1年生は応援団の幹部とともに，「勝利の歌」や「凱歌」と呼ばれる歌を歌いながら高校まで戻ります。その夜はキャンプファイヤーで踊り明かします。同じ高校の一員としての一体感は大いに高まります。

バンカラ文化

　さて，いかがでしょうか。「それ，うちにもあった！」と大いに共感する

人もいれば,「えー,今時こんなことやっていいの」と驚く人もいるでしょう。私は大阪の旧制中学の流れをくむ高校の出身ですが,こういった催しはおろか,応援団すらありませんでしたし,関東や東海地方出身の学生も一様に知らないと言っていました。しかし九州の一部の高校にはあるという話を聞きましたから,もしかするとこのバンカラ文化は,方言の周圏説のように,同心円状に広まっていって周縁部に残存していると理解できるのかもしれません。

通過儀礼としての応援歌練習

いずれにせよ,この応援歌の練習を通した応援団への入団という一連の過程は,通過儀礼の構造に見事に合致しています。まず,新入生たちは,担任に付き添われることなく,講堂に集められます。これが分離です。そのときはまだ出身中学の制服を着てこなければならないところからも明らかな通り,新入生たちはもはや中学生ではないが,まだその高校の完全なメンバーとして認められてもいない。つまりどちらでもない過渡期に置かれているわけです。そこで待っているのは,応援団幹部からの厳しい指導のもとに行われる応援歌の練習です。毎日の朝夕,大声で歌えるまで練習は繰り返されます。声が小さかったり,歌詞を覚えていなかったりすると,罵倒され,前に立たされます。まさにこれは大きな試練です。そしてそれに耐え,ライバル校との対抗戦に臨むにあたっては,新入生たちは中学校の制服を脱ぎ,晴れてその高校で定められている服装が許されます。そのとき,彼ら／彼女らはもはや新入生ではなく,応援団の,そしてその高校の正式な一員として統合されるのです。まさに分離・過渡・統合から成る通過儀礼です。

区切りがあるから儀礼をするのではない,儀礼をして区切りをつけるのだ

フルベの成人儀礼と高校の入団式,あるいは冒頭に挙げた生命と生命以前や生と死など,いくつかの事例からわかるのはどんなことでしょうか。それは,私たちは何かそこに区切りがあるから儀礼をするのではないということです。むしろそれとは逆に,本来的には何も区切りなどないから,儀礼によって境界線を引き,区切りをつけるということです。大人と子ども,中学生と

高校生は，儀礼によって隔たれ，前者から後者へと移行し，本人も周りもそう意識するようになるのです。本来「そうである」のではなく，「そうする」，あるいは「そうなる」のです。どこかで聞いた話ですね。そう，『そして父になる』を紹介した第2章の家族のところでも同じ状況が出てきました。多くの文化において父は，本来「父である」のではなく，「父になる」のでした。私たちは，自然に本来的に「そうある」のではなく，境界と区切りを設け，大人になったり，父になったりしているのです。

5　境界線上にいるということ

どっちつかずはいやだ

　人為的な境界を設けて区切りをつける。これは人間の文化における最も根元的な特徴の一つと言ってよいでしょう。言い換えると，私たち人間は区切りをつけないと気が済まない生き物だということです。つまり，どっちつかずの曖昧な状態は気持ち悪いのです。未分類のもの，あるいはどちらでもないものに対しては，落ちつかない，不安定な，居心地の悪さを感じるのです。

　先ほどのフルベの成人儀礼の例で言うと，もはや子どもでもないが，かといってまだ大人でもないという状況は，見方によればかなり危険です。もし儀礼に失敗してしまえば，大人になれない，しかし子どもではない。彼はいったい何者なのでしょう。私たちが中学生や高校生のころの，つまり思春期特有のあのふわふわしたような，それでいてイライラしたような，身体と気持ちのバランスを上手く取れないような感覚も，移行期の，どっちつかずの状態に由来するところが大きいのではないでしょうか。

　大学受験が上手くいかずに，いわゆる浪人生活を送った経験のある人は，もはや高校生ではないが，大学生でもない，明確な所属と肩書きのない自分はいったい何なんだろうという不安にさいなまれたことでしょう。あるいは，就活が上手くいかない大学生も，同じように，自分の立場が定まらないことに焦りを感じるでしょう。早く決めてしまいたい，落ち着きたいと，多くの若者が願います。

境界線上にいる人たちへのまなざし

　日本やヨーロッパなど，村に定住し，寺社や教会に所属することを常態とする社会では，逆に定住せずに漂流する人たちが異端視され，蔑視されるケースは珍しくありませんでした。あるいは，いわゆるセクシュアルマイノリティの人たちへの偏見は，既存の男／女の枠組みに当てはまらないことによるところが大きいでしょう。私たちは，世界のあらゆるものには所定の場所があって，そこにあるべきだと考え，そこから外れたものに対してはよい感じを持ちません。髪の毛は頭の上に生えているべきもので，それが机の上に落ちていると，急に不潔で気持ち悪いものに見えるのです。「けじめをつける」とか，「白黒つける」とかについてはポジティブな印象を持ちますが，ブレるとか，はっきりしないということに関しては逆に極めてネガティブな感じを抱くでしょう。

「そうあらねばならない」と「そうでなくてもよい」の間

　しかし，これまで見てきた通り，あらゆるものごとには本来的に境界や区切りがあるわけではないのです。生命と生命以前も，子どもと大人も，ジェンダーとセクシュアリティを含めた男と女も，図6-1に示したように，そもそもグラデーションのようなものです。しかし，私たちはそれにズバっと境界を引いて，まさに白黒をつけているのです。そして一端，線が引かれてしまうと，境界は固定されて，その右か左かで意味や期待される振る舞いは大きく変わり，それに従わなければならないとされます。いわば，「そうあらねばならな」くなったわけです。しかし，繰り返すようですが，本来的に境界などないのですから，その境界線をどこで引くかは，またいつか変わるかもしれません。いや，実際に変わります。いつからが命か，いつからが大人か，いつからが死か，という境界がこれまでに変わってきたのは冒頭で見た通りです。

図6-1　明確な境界のないグラデーション

境界は変わる，変えられる

　こうした知見から言えるのは，今ある境界の分け方がそろそろ実情にそぐわなくなってきたと思ったら，みんなで考えて変えていけるかもしれない，ということです。今いるカテゴリーに居心地の悪さを感じている人や，境界線上にいる苦しさにさいなまれている人は，「そうでなくてもよい」可能性に目を向けてみましょう。一方で，今ある分類にしっくりきている人や，そうしようと腹をくくった人も，そうではない人たちの存在に思いをめぐらせましょう。「そうあらねばならない」という必然性を身につけながら，「そうでなくてもよい」可能性を想像するのが私たち人間の特徴であり，それを経験しながら学ぶことが文化人類学の一つの目標だからです。

6　儀礼のない終わりと始まり

　2011年3月11日に東日本大震災が発生してからかなりの月日が流れました。あの年は私が大学に勤めた1年目でした。2月の初めに4年生の卒業論文の口頭試問を終え，打ち上げの温泉旅行に行って，後は卒業式を残すだけという時期でした。ところが震災によって卒業式は中止となり，私にとって初めて送り出すはずだった4年生とは，それっきりとなってしまいました。彼／彼女らは，4月から各地で新しい生活をスタートさせました。

　震災による混乱が少し落ち着いたゴールデンウィークのころ，大学の研究室にみなが集まりました。できなかった卒業式の代わりにはなりませんが，ささやかなお祝いをすることにしたのです。そのとき，一人がこう言いました。「卒業式をしなかったからか，いまだに自分が大学を卒業したっていう実感がわかないんですよね。今日ここに来てみて，まだこっちに来る方が自然だなって思いました。前に習った儀礼の意味がようやくわかりました。」他の数人もうなずいていました。

　儀礼のない終わりと始まり。あの年の3月のことは，元学生たちも私もそう語り継ぐでしょう。そして私は授業で通過儀礼のことを話すたびに，ひたすら寒く不安だったあの3月のことを思い出すのです。

【参照文献】

小川了　1991「大人と子ども——通過儀礼」米山俊直・谷泰（編）『文化人類学を学ぶ人のために』pp.167-180，世界思想社。

国分拓　2010『ヤノマミ』日本放送出版協会。

ヘネップ，アルノルト・ファン　1995『通過儀礼』綾部恒雄・綾部裕子（訳），弘文堂。

NHK　2009年2月26日放送「ヤノマミ——奥アマゾン原初の森に生きる」。

ブックガイド——さらに詳しく学びたい人のために

『排除の現象学』赤坂憲雄，筑摩書房，1995年。

> 「テキ屋」や「浮浪者」など，境界内には収まらない人たちと，それを異物として扱う境界内の人たちについて考えた本である。差別や排除はおぞましく醜い行為であるが，たとえば「右」という語は「左」という語の対義語としてしか定義しえないように，私たちの存立は他者の存在のもとに成り立っている面もあることがわかる。

『生物と無生物のあいだ』福岡伸一，講談社，2007年。

『世界は分けてもわからない』福岡伸一，講談社，2009年。

> 生物学者である福岡氏が書く文章は美しく，まるで良質なミステリーを読んでいるかのように本の中身に引き込まれていく。2冊の書がともに教えてくれるのは，たとえ科学的な手法によっても，境界線を引いて分類することの難しさと，しかしそうせずにはおられない人間の性である。「世界は分けないことにはわからない。しかし分けてもわからない。」核心を突いたこの言葉で2冊目の著作は締めくくられる。

第7章
贈与と交換
貰ったのと同じだけ施しなさい，そうすれば万事うまくいく

●キーワード●
互酬性，資本主義，格差

　私は相手に何かをしてあげたり，何かを贈ったりするのが苦手です。相手がそれを望んでいるか，今ひとつ確信が持てないことが多いし，こちらがそんなことをするのはおこがましい気もするし，それが相手の負担になってもよくないなと思ってしまうからです。贈り物によって二人の間に貸し借りのようなものができて，関係が変わってしまうのが嫌なのかもしれません。

　一方，私が調査のためによく行く中国では，よく贈り物をされるし，こちらもすることになります。誰かがたばこを吸うときは必ず周りの人にも勧めるし，食事に行っても基本的に誰かがおごり，その他の人はおごられるかたちになります。思い切り貸し借りをつくり合っているようで初めは慣れませんでしたが，そのうちに実は貸し借りとは，次に会うための関係をつなぐきっかけなのではないかと思えるようになりました。つまり，実現するかどうかはともかく，次は私が……です。

　そういう視点から身の回りを眺めると，実は日本でもたくさんの贈る‐返すのやり取りが行われています。なぜ人にものをあげるのか，なぜ返すのか。この章では，ものや行為のやり取りから，商売の仕組み，資本主義と格差に至るまでを文化人類学的に考えていきましょう。

1 どちらが嬉しい？

　まずはいつものように身近な問いから考えてみましょう。あなたは，友達もしくは恋人から，「今度うちにおいでよ，ごちそうするから」と誘われました。約束の日，大いに期待して行ってみると，テーブルの上にはたくさんの料理が並んでいます。さて，この場合，あなたならどちらが嬉しいでしょうか。

　　A　相手が時間をかけて準備してくれた手づくりの料理が並んでいる。
　　B　近くのスーパーの総菜コーナーで買ってきたおかずや宅配ピザが並んでいる。

　さて，どうでしょう。おそらく多くの人はAと答えるのではないでしょうか。では，それはなぜでしょう。相手が一生懸命につくってくれたから。しかし，スーパーやピザ屋のスタッフも一生懸命につくっているかもしれません。自分のためにつくってくれたという気持ちが伝わるから。なるほど。では，この場合の「気持ち」とはいったい何なのでしょう。

手編みのマフラーをもらう
　次の問いです。だんだんと寒くなってくる季節，あなたは恋人もしくは友人からマフラーをもらいました。この場合，マフラーは相手が自分で編んでくれたものか，店で買ってきたものか，どちらが嬉しいでしょう。
　これはどうですか。意見がやや分かれるのではないでしょうか。先ほどの料理と同じく，手づくりのものは確かに気持ちがこもっていて嬉しいのですが，手編みのマフラーとなるとちょっとそれが強すぎるという気もしませんか……。それに，料理は食べたらなくなりますが，マフラーという「もの」は残ります……。

君のためにつくった歌

　では，最後の問い。相手から「君のためにつくった歌をプレゼントするよ」と目の前で歌い始められました。どうでしょうか。あなたなら嬉しいですか。もうここまで来ると，気持ちが強すぎて，さすがにちょっと……という人が多いのではないでしょうか。実はこれは，私が学生のときに友人から体験談として聞いた実話です。それでどうなったかというと，彼女は，いわゆる「ドン引き」してしまって，二人の関係はそれっきりになったそうです……。

ものを贈る＝人格を贈る

　上の例からわかるのは，私たちが何かものを贈る／贈られるとき，それは単にそのものだけが相手に渡っているのではなく，贈り手の気持ちが贈られているということです。料理もマフラーも歌も，それらは単なる料理やマフラーや歌ではなく，贈り手の気持ち，もっとはっきりと言うと，その人そのものなのです。贈り物には贈り手の人格ががっちりと結びついているのです。

2　もらったらなぜ返すのか

　さて，次はもらった後のことを考えてみましょう。料理をごちそうになったら，あるいは，少なくとも嫌いではない相手からマフラーやチョコレートをもらったら，あなたにはどんな気持ちが芽生えますか（この際，歌はちょっと置いておきましょう）。

　嬉しい。そうですね。でも，嬉しいと同時に，ちょっと何かを背負ってしまったような，少し申し訳ないような，そんな気がしませんか。そして今度はこちらが何かごちそうしなければ，こちらも何かお返しを贈らなければと思うのではないでしょうか。たとえばバレンタインデーに対しては，ホワイトデーという，お返しをする日が設けられています。もらいっぱなしはいけない，何かしてもらったら必ずそのお礼をするというのは，私たちがごくごく普通にならい従っている作法のようなものです。

　でも，これはどうしてでしょうか。つまり，何かもらったら，なぜお返し

をしなければならないのでしょうか。もらったら返す，そんなことは当たり前じゃないか，と思うかもしれません。互いに酬(むく)いる，つまり互酬性(ごしゅうせい)です。しかし，これはよく考えればとても不思議なことです。

商売の世界では

　たとえば，何らかの商売について考えてみましょう。商売というのは，商品を仕入れてきて，それを売るという行為です。仮に1000円で仕入れてきたものを1000円で売っても儲けはゼロですから，そんなことをする人は普通いません。仕入れ値に儲け分を上乗せして売るのです。もし1000円で仕入れてきたものを1500円で売ったとしたら，儲けは500円。1700円で売れたとしたら，儲けは700円です。つまり仕入れ値と売値の差が大きければ大きいほど儲けは大きくなる，もっとはっきり言うと，売り手は得をするというわけです。

　私たちが暮らす世界の多くのところでは，もののやり取りの大半が**資本主義市場経済**という仕組みに基づいて行われています。この資本主義市場経済のもとでは，投資・出資と売り上げの差，つまり利益を増やし，あるいは売り上げに占める利益の割合である利益率を高め，その利益をさらに資本として投資・出資していきます。各企業の業績は四半期，つまり3ヵ月に1回のペースで公表されて，それに基づいた格付けがなされ，その数字が企業の評価や株価に反映されます。だから，みな必死でこの数値を上げようと頑張ります。いかに少ない投資・出資で，いかに大きな利益を出すかと，日夜たゆまぬ研鑽が行われているのです（決算を粉飾するという誤った「研鑽」もありますが……）。

　世の中で大企業と言われるような有名な会社でも，多くの場合，利益率は10パーセントもありません。大きな儲けを得るためには，それ相応の大きな出資も必要ですから，高い利益率を保つのは簡単なことではないのです。もちろん究極の理想は利益率100パーセント，つまり売り上げのすべてが儲けになる取引をすることです。しかし，そんなことは普通，不可能です。なぜなら単純に言うと，それは出資ゼロ，つまりただで仕入れてきたものを売

るということなわけですから。

返さなければよいのではないか

　ここでさきほどの贈り物の話を思い出してみましょう。人に何かをもらいました。このやり取りだけを見れば，もらった方は元手ゼロですから，1000円のものをもらったとすれば，1000円儲かったことになります。もし，これをそのままにしておいたとしたら，つまり，相手に何もお返しなどせずに，もらったままにしておけば，1000円が丸ごと自分の利益になるのではないですか。すべてが儲けです。夢の利益率100パーセントです。何も返さなければよいのではないですか。

　しかし，多くの人はそうはしません。1000円のものをもらったら，たいていは同じ1000円くらいのものか，もしくはそれに少し上乗せをして返すのです。なぜそんなことをするのでしょう。繰り返すようですが，お返しなどしなければ，1000円そのまま儲かるのです。資本主義のもとでは，利益率を上げようと，みな血眼(ちまなこ)になっているのに。1000円で仕入れてきたものを1500円で売って500円儲けが出たときに，それを返上する人なんていますか。「いや，お客さん。これは1000円で仕入れてきたものですので，1000円でいいです」と言う商売人はいないでしょう。

　もらったら返す。もらったら，同じくらいのものを，あるいはときにそれにいくらか上乗せして返す。当たり前のようですが，これは実に不思議なことではありませんか。そんなことをしていたら，商売なんて，資本主義なんて，とても成り立ちません。にもかかわらず，われわれは，なぜ返すのか。実はこれは人間がやっていることのうちで，最も大きな謎の一つなのです。みなさんも，その理由について考えてみて下さい。

3　贈与の研究

　こうした「ものを贈る」という人間のいとなみについて，学者たちは以前から考えてきました。その先駆者はフランスの社会学者マルセル・モースで

写真7-1　マルセル・モース（1872-1950）。フランスの人類学者・社会学者。彼が打ち立てた贈与の研究は、今日まで大きな影響を与え続けている
出所）モース（2009）扉絵。

す。彼は今から約100年も前に『贈与論』という本を書いて、この問いを探求しました。

　モースは贈与が、①ものを贈る、②（相手がそれを）受け取る、③（相手が）返すという三つの要素から成り立っていると考えました。初めの二つはわかりやすいでしょう。「贈って」「受け取る」ということをしないと、そもそも贈り物は成立しません。ところが、③の「返す」はモースにとって大きな謎でした。なぜ、人はもらったらお返しをしなければならないのか。こうしてモースは世界各地の贈与の事例を調べたのでした。

ポトラッチ

　アメリカ北西部のネイティヴ・アメリカン、つまりアメリカの先住民の人たちにはポトラッチという習慣があります。ポトラッチとは彼らの言葉で「与える」「贈り物」という意味で、互いに相手に贈り物をしあうという行為を指します。

　このポトラッチが私たちを驚かせるのは、彼らがまさに競い合うように相手にものを贈るというところです。彼らにとって大切な毛布や銅製の器具や鯨の脂などを、惜しみなく与えます。もらった方は、必ず3割から倍を上乗せして相手に返さなければなりません。それをしない者、それができない者は「腐った顔を持つやつ」と、最悪の侮蔑的な表現で批判されます。必ず上乗せして返すわけですから、贈り物はどんどんエスカレートしていき、最後にはあげるものがなくなってしまいます。すると彼らは家や家財道具を燃やし、どうだ、もう本当に何もないぞ！　ということを示します。彼らにとっ

て，ありったけの「財を投げ出す」，つまり蕩尽は最高の名誉なのです。

私が払う！

このポトラッチはかなり驚きの行為ですが，他の多くの社会でも，相手に何かを贈ったり，してあげたりして気前のよさを示そうとするのは珍しいことではありません。みなさんも喫茶店などで，「私が払うって！」「いやいや，今日は私が！！」と伝票を取り合っている人たちを見たことはありませんか。台湾人の友人にこの話をしたら，台湾ではそれが原因で殺人事件が起こったこともあると教えてくれました。「払うのが嫌」というのではなく，「払いたい」と争いになるのですから，ポトラッチとよく似ていますね。

私がよく行く中国でも，いわゆる「割り勘」は基本的にありません。みなで外で食事しても，たいていは一人の人が全部払います。特に親しい間柄では，多くの場合，誘った人か羽振りのいい人が暗黙の了解でもあるかのようにさっと支払い，その他のおごられる人たちはそれがさも当然かのように，特にお礼などを言うわけでもなく，会計が行われます。重要な接待などで必ずこちらが支払わなければならない，相手に支払われてはならない場合は，食事の途中でこっそり会計をすませておきます。あるとき私が驚いたのは，なんと前日の夜に来て払っておいたという人がいたことです！（ただし，最近，若い人の間では，ときに割り勘も行われていて，「AA制」と呼ばれます）

クラ

もう一つ，贈り物の研究で有名な事例がクラです。クラとは，パプアニューギニアのトロブリアント諸島の人たちによる「贈り物のための旅」です。ポーランド生まれの人類学者マリノフスキは3年におよぶフィールドワークによって，このクラを詳しく研究しました。彼のこのときのフィールドワークが，現場に出向いていくというその後の人類学の研究スタイルを確立したと言われています（第9章参照）。写真7-2は学生時代のマリノフスキです。

トロブリアント諸島は珊瑚でできた大小いくつかの島々ですから，人々はクラのためにカヌーで別の島を訪れます。動力付きの船などなかった時代，

写真 7-2　ブロニスワフ・マリノフスキ(1884-1942)。ポーランド生まれの人類学者。1922年に彼が出版した『西太平洋の遠洋航海者』は人類学の記念碑的な作品となった
出所）Firth (ed.) (2002) 口絵。

何週間もかけて航海し、ときには海が荒れて命を落とす人も少なくありませんでした。文字通り命がけで海を渡り、彼らが得ようとしたものは何だったのでしょうか。

　それは貝殻をつなげてつくった首飾りと腕輪です。写真 7-3 に挙げているものがそれです。確かに美しいと言えば美しいのですが、実はこれには、いわゆる経済的な価値はなく、実用性もありません。つまり、売るためのものでもないし、装飾のために身につけたりするものでもないのです。持ち主は、それを箱のなかに入れておくだけです。ただし、首輪や腕輪のなかには代々語り継がれる伝説と結びついていたり、不思議な力を持っていたりするものがあり、島々の間でその価値は共有されています。

　興味深いのは、誰しもこの首飾りと腕輪を保持できるのは一定の期間だけだということです。クラのやり取りをしている他の島の人々がカヌーを漕いでやって来て、それをほしいと言えば、渡さなければなりません。ただし、誰彼にでもすんなりと渡してしまうわけではありません。相手は以前どんなものを自分にくれたか、今後はどんなものをくれそうなのかを見定め、長い長い交渉を経た後に、「これは！」と判断した相手に渡すのです。島々に名をとどろかせる腕輪や首飾りは多くの人がほしがりますから、それを手に入れることは大きな名誉です。そうしたいわばクラの名手は人心掌握や交渉に長け、政治的なリーダーシップを備えているだけでなく、船の安全を守る呪文の使い手でもあります。

　さて、ほしかった品をめでたく手に入れた人は自分の島にそれを持って帰

ることができますが，今度は別のパートナーがやって来て，それをほしいと言えば，やはり同じような交渉を経て，渡すなり，断るなりせねばなりません。いずれにせよ，クラでやり取りされる首飾りも腕輪も，一人の者が永続的に私有することはできず，一定期間の後に誰かしらに渡されるということが繰り返されるのです。贈られる首飾りと腕輪の側から見ると，それらは島々の間をぐるぐると回っていくことになります。

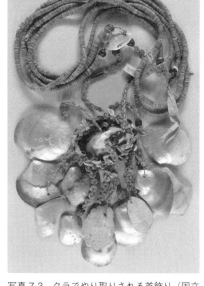

写真 7-3　クラでやり取りされる首飾り（国立民族学博物館提供）

4　贈り物の特徴

ポトラッチもクラも，冒頭の手づくりの料理やマフラーの例と同じように，ものを介して互いの人格のやり取りがなされているところが特徴です。ものをあげる，それを受け取る，そして返礼をするというプロセスのなかには，まさにその人たちの気持ちや威信やプライドなど様々な感情と思惑が込められているのです。

スーパーやコンビニでは

ちょっと難しくてイメージがわかないという人は，これとは対照的なやり取りの例を想像してみましょう。たとえば，みなさんはよくスーパーマーケットやコンビニで買い物をしますね。そこでものを得られる，つまりほしいものが買えるための条件は何ですか。

それはただ一つ。あなたがその価格に相当するお金を持っていることです。逆に言うと，それ以外には何も必要ありません。店の人との関係性といっ

たものは全く必要ないのです。初めて入った店で，見ず知らずの店員さんが相手でも，お金を出しさえすれば問題なくほしいものが手に入ります。スーパーやコンビニの店員さんも，どんな客が何を買おうと，ほとんど関心は払わないでしょう。

　そして，そこでは言葉を発する必要もありません。少なくとも，客であるあなたの方は何も言わなくていいでしょう。店員さんの方は，「ありがとうございましたー」「またどうぞー」などと言うかもしれませんが，これはあなたに向けて言っているというよりは，マニュアルで決められていることなので，「イラッシャイマセ」と言う機械音とあまり変わりはありません。あなたが以前この店にどんなことをしてくれたか，今後どんなお礼をしてくれそうか，などということが全く関係しないのはもはや言うまでもありません。

ネット上では

　さらに，これがネット上でのショッピングであれば，売り手と対面する必要さえもありません。スーパーであれば，レトルト食品やカップ麺ばかりが入ったカゴを持って会計してもらっているとき，「『この人，ロクな食生活してないなー』って思われてるんだろうな……」くらいの考えはよぎりますが，ネット上であればそれさえもありません。まさに人格をやり取りする程度は限りなくゼロなのです。

　こうした売買の形態を「沈黙交易」と呼ぶこともできます。沈黙交易とは，決まった場所に売り手が商品を置いた後にその場から離れ，買い手は商品を見定めて気に入ったら同等のものを置いていくという取引の形態で，かつては世界各地で行われていました。この沈黙交易には，売り買いについての煩雑な交渉や，それがエスカレートして起こるかもしれない争いを回避し，いわば純粋に取引だけを行おうという意図がありました。

知り合いとはビジネスできない

　この沈黙交易やネット上でのショッピングからわかるのは，純粋な取引のためには，互いに知り合いでない方がよいし，もっと言うと，顔を合わせた

り，言葉を交わしたりすらしない方がよいということです。お互いに関係する者どうしでは，様々なしがらみや，情や，申し訳なさといったいろいろな要素が絡んできます。売り手が自分の知り合いなら，値切ったりはできないし，何か買わないと申し訳ないような気がするでしょう。売り手の方も，知り合いに変なものは売れないし，ぼったくれないし，儲けすぎるのも気が引けます。これまでの関係や今後の付き合いもあるでしょうし，もしかすると互いの家族どうしが知り合いかもしれません。あるいは商売以外の場でも何か協力したりすることがあるかもしれません。つまり，互いに知り合いだと，売り手も買い手も，純粋なビジネスをしにくいのです。

5　社会に埋め込まれたやり取りと純粋なビジネス

昭和の商店街と町の電気屋さん

　私は昭和50年（1975年）の生まれですから，今ではいわゆる「昭和の商店街」と形容されるようなところで買い物をして育ちました。たとえば，電化製品であれば，必ず「町の電気屋さん」で買っていたのをよく覚えています。そうした店はたいていナショナルや東芝といった大手電機メーカーの特約店ですが，こぢんまりとした店舗で，家族で経営されていました。商品の取り付けから修理まで全部その店の人がしてくれるので，ちょっと調子が悪くなったから見てほしい，というときなどにはとても便利でした。

　ところがそのうち，平成に入ったころ，すなわち1990年代前後になると，町から少し離れたところに，いわゆる大型量販店ができはじめました。行ってみると，町の電気屋さんに比べて，驚くほど安いのです。しかし私の父親は，これまでの付き合いがあるからと，母親の言葉を借りれば「律儀に」，相変わらず町の電気屋さんでわが家の電化製品のすべてを買うことにしていました。しかし，同じものなのに，値段が高いのは否めませんから，私や母親は正直なところ納得がいきませんでした。

　しかし数年後，私たちが安い量販店に「浮気」をするより前に，その小さな電気屋さんは店を閉めてしまいました。私たちは，その店の店長夫婦も，

小さな娘さんも，おじいさんも，割とよく知っていて，店のなかだけでなく，町を歩いていてもよく挨拶をする間柄でしたから，その後，彼らがどうしたのか，とても気になっていました。

　昭和のノスタルジックな雰囲気になってしまいましたが，ほんの30年ほど前までは，こうした売り買いの状況がまだまだたくさんあったということをお伝えしたかったのです。お店でやり取りするのは金銭を介した商品でも，そこでわれわれは何らかの会話を交わし，相手のことをいくらかは気にかけていました。値段が高いにもかかわらず，付き合いで買い物をしていたのですから，それは純粋なビジネスではなかったということでもあります。

郊外の量販店

　一方，新しくできた郊外の大型量販店はこれとは全く対照的でした。そこで働いている人たちや売り手について，私たちは普通ほとんど何も知りません。それどころか，どうせ大半はアルバイトなのだから，別に自分がここで買おうが買うまいが，彼らの生活には何の影響もないのだろうなとすら思ってしまいます。店員に商品についての説明を聞くことはあっても，それとは直接的に関係しない，たとえば子どもの学校のことや昨日の野球の結果などのたわいない話をすることはありません。ものの売り買いを介して互いの人格をやり取りする度合いは，限りなくゼロなのです。

　逆に言うと，だから私たちは，心置きなく品定めをして買い物ができます。その基準となるのは，店のロケーションや駐車場の広さなども多少は影響するのでしょうが，おおむね値段という一点に集約されるでしょう。言い換えると，そうした店では，いかに少ない出費でほしいものを得るかというビジネスの基本が忠実に実践できるのです。町の小さな電気屋さんとは対照的に，そこでは純粋な資本主義市場経済が成立しているのです。

写真 7-4　大型量販店が並ぶ郊外の風景

買い物中に話しかけられたくない

　若い読者のみなさんは，昭和の商店街とか電気屋さんと言われてもピンとこないかもしれません。しかし，ときには個人経営の小さな服屋さんや雑貨屋さんなどに行くこともあるでしょう。なかには，行きつけのお店があると言う人もいるかもしれません。一方で，そんな店に一度入ろうものなら，何か買わないで出てくるのは申し訳ない気がするし，店員さんが話しかけてきて気を遣うし，ゆっくり買い物ができない，正直ちょっと苦手だなという人もいるでしょう。この「ゆっくり買い物」こそ，これまでの話の流れで言うところの「純粋なビジネス」と同じ意味だということはおわかりでしょう。買い物は買い物だけで集中してやりたい，それ以外のことには煩わされたくないというニーズが満たされるのは，スーパーであり，コンビニであり，郊外の量販店であり，そしてネット上であって，今やそれらは私たちが行う売り買いの大半を占めているのです。

買い物は買い物だけで完結しない

　しかし，これは逆に言うと，少し前まではそうではなかったということでもあります。私が子どものころは，ネットなどはもちろん，コンビニも大型量販店もありませんでしたから，上に書いたように，みなもっぱら個人経営の小さな店で買い物をしていました。ほとんどの買い物を純粋に買い物だけとして行えるようになったのは，実はほんの最近のことなのです。それまでの長い間，私たちの経済活動は，人間関係や様々な感情などと密接に絡み合っていました。経済学者ポラニー（ポランニー）の言葉を借りるならば，経済は社会のなかに埋め込まれていたのです。先ほど紹介したポトラッチは，もののやり取りがなされているとは言っても，威信や人格を賭けて競うように与え合う，ある意味では儀礼です。トロブリアント諸島のクラの名手は，単に首飾りや腕輪を得るための人心掌握に長けているだけでなく，船の安全を守ったり相手の気持ちを操ったりする呪文の使い手でもあり，また政治的な権威者でもあります。

第 7 章　贈与と交換　121

分かれていないものを分ける

このように経済は経済としてそれだけで独立しているのではなく，親族や地域の人間関係，宗教，政治など様々なものと重なりあい，関係しあっていたのです。より正確に言えば，むしろ私たちがそれらを「経済」「宗教」「親族」「政治」と区切って境界線を引き，独立したものとして扱って，それぞれをそのものだけに囲い込み，互いの領域を侵犯させないようにしてきたのです（第6章「儀礼」を参照）。たとえば，「政治」を「宗教」と切り離すのが「政教分離」（第5章「宗教」を参照），「親族」と切り離すのが「世襲の禁止」であり「民主主義」です。そして近代社会とは，それらが分離していることが重要な条件の一つとされていて，しかも，よりはっきりとしていればしているほど望ましいとされます（しかし，やはり第5章の宗教のところで見た通り，実際にそうなっているかはかなり怪しいところです）。

6　ものが回らないとどうなるか

経済活動に専念したい

経済の項目においても，経済活動だけに専念できるようにしようという力が世界で強まっています。他の諸々は「規制」や「既得権益」と呼ばれて煩わしいしがらみとして扱われ，それらを取っ払って利益だけを純粋に追求できるような仕組みがつくられつつあります。今ではどんな店がつぶれても，かつて町の電気屋さんがなくなったときに私に去来したような心のざわめきを感じることはほとんどありません。人格，感情，人間関係の大部分を排除し，売り手と買い手が互いの利益だけを考えればよいやり取りが多くのところで達成されたのです。

富の集中，格差の拡大

そして，顕著になったのは，その利益が一部に集中してしまっていることと，**格差**が拡大していることです。多くの国でその傾向にありますが，特に資本主義の先端を走っている国に顕著です。ここではその一例として，相対

的貧困率を挙げておきましょう。相対的貧困率とは,その国のなかで「貧困」とされる人たちの割合です。たとえば,他の国と比べた場合,日本全体としては豊かな部類に入っても,この数値が高いと,日本のなかでは大きな格差があるということになります。

相対的貧困率

総務省が 2014 年に発表した日本の相対的貧困率は 16.1 パーセントでした。統計専門サイトのグローバル・ノートによると,この日本の数値は世界でワースト 7 位です。アメリカは 17.2 パーセントでワースト 3 位でした。アメリカも日本も世界のなかで見れば豊かな国ですが,国のなかでは貧しい人と豊かな人がはっきりと分かれているのです。それに対して,ドイツやフランスといった西ヨーロッパ諸国,あるいはスウェーデンやフィンランドなど北欧諸国はこの数字が 10 パーセント以下です。ごく簡単に言うと,たくさん儲けているところからたくさん税金をとって,それを社会福祉や貧しい人たちのサポートに回しているわけです。逆に,日本やアメリカなど,資本主義の先頭を走る国々では財が一部に集中し,うまく回っていません。ちなみに,統計を取り始めた 1985 年の日本のこの数値は 12 パーセントで,今よりはずっと低かったのです。あの町の電気屋さんがまだあった頃のことです。

ピケティが示したこと

これらは,最近話題になったトマ・ピケティの『21 世紀の資本』で述べられていることでもあります。資本主義の追求を肯定的に捉える人たちは,企業が儲ければ儲かるほど株価は上がって株主は得をするし,従業員たちの給料も上がるからみながたくさんお金を使うようになり,それによって他の店や企業も儲かり,その従業員たちも潤うようになる……という好循環を信じます。これを大きな企業の利益が滴のように下の方にもしたたり落ちていく様子に例えて「トリクルダウン」(ポタポタと流れ落ちる)と言います。だから,まずは大きな企業の業績が上がるように,税金を下げたり規制をなくしたり,あるいは海外でものが売れやすいように円安に誘導したりするのです。

しかし，ピケティは世界各地の長期間にわたる統計データを分析し，多くの場合，思ったほどにはこのトリクルダウンが起こらないという見解を示しました。つまり，大きな企業がたくさん儲けても，その利潤は全体には行き渡らず，むしろ格差は増大してしまうのです。資本主義に邁進する日本とアメリカで相対的貧困率が高まっている現状は，まさにこのピケティの理論と合致すると言えるでしょう。豊かな人たちはさらに豊かになり，貧しい人たちはそのままかさらに貧しくなる。財が循環していないのです。

7　贈与と資本主義

マオリ族の言葉

　贈与の仕組み，特に，人は何かをもらうとなぜお返しをするのかについて研究したモースは，マオリ族のハウという概念に注目しました。ハウとは，ものがもとあったところに戻ろうとする力です。マオリ族のある長老は次のように言っています。「（もらったものがどんなものでも）それをしまっておくのは正しいとは言えません」（カッコ内，引用者）（モース 2009：35）と。

　個人でものを私有するのが当たり前の私たちから見ると，これはとても不思議な言い回しです。しかし，私たちが自分で買って得たと思っているものも，それを買うためにはお金を得なければなりませんし，お金を得るためには仕事をしなければなりません。その仕事も元をたどっていけば，たいていは自然の資源を利用していたり，あるいは他の人の別の仕事や様々ないとなみの上に成り立っています。つまり，いろいろな事柄は人間どうしの間，あるいは他の動物や自然の間を循環しているのであって，どれ一つとして本来的にあなただけのものではないのです。だから，ものを自分の手元にとどめずに，次に渡して回しなさい。マオリの長老が言っているのはこういうことでしょう。トロブリアント諸島のクラでも，腕輪と首飾りは誰にも私有されることを許されず，島々の間を循環していました。ポトラッチでも，ものや財が激しすぎるくらいに動いています。豊かな人たちの手元に富が滞まっている資本主義の社会とはまさに対照的です。

資本主義に代わるもの

確かに、富の占有や貧富の格差が問題だとは言っても、資本主義すべてに問題があるわけではないし、それに代わるもっとよいシステムを今すぐに考案できるわけではありません。それでも、特に若い人たちの間では、はっきりそうとは意識していないかもしれませんが、かつて私たちが思いつかなかったようなもののやり取りの実践を始めているケースが見られます。

身近な例を一つ挙げましょう。最近、研究室の学生たちが面白い試みをしていました。お昼時、研究室の大机にはいくつかのタッパーが並べられており、そのなかには美味しそうなおかずが入っています。そして数人の学生たちがそれを一緒につまんでいるのです。「これ、何？ 誰がつくったの？」と私が聞くと、そのうちの一人が「これは私が」、別の一人が「これは私」と答えました。各々がおかずを多めにつくって持ちより、シェアをしているのです。何も持ってこなかった人は、お金を払うか（100円）、お菓子やデザートなど代わりのものを渡すか、次回はつくってくるということを条件に食べられるという仕組みだそうです。生協で食べたり弁当を買ったりしてばかりだと栄養も偏るし、出費もかさむし、あきてくるし、かと言って、弁当をつくるのは一人だとなかなか続かないし、というところから発案された試みだということでした。彼女たちは、「これどうやってつくったの」「わー美味しい！！」と、わいわいと盛り上がり、実に楽しそうに昼食の時間を過ごしていました。相手の顔が見える人格を介したもののやり取りを実践していたのです。

この他にも、たとえばルームシェアをしている学生もいますし、シェアハウスは各地で広がりを見せていると言います。また東日本大震災などの災害の際には、多くの寄付や支援物資が送られました。フェア

写真7-5 弁当をシェアする学生たち

レードやソーシャルビジネスも，着実に広がりを見せています。

　こうした広い意味での贈与が，資本主義にすっかり取って代わるとはさすがに思えません。しかし，行き過ぎた資本主義を監視する，あるいは牽制する価値観としてもっと広がっていけばどうでしょう。たとえば，儲けた分はもっと社員や社会に還元するような企業の姿勢が今よりもっと評価されるようになれば，状況は少しでも変わるのではないでしょうか。

　最後に，再びマオリ族の長老の言葉を紹介して，この章を閉じたいと思います。

　　「貰ったのと同じだけ施しなさい。そうすれば万事うまくいく」。

（モース 2009：270）

　確かにこれは資本主義においては理想にすぎないでしょう。しかし，贈与では基本中の基本です。そのバランスを上手くとるにはどうすればよいか，これから私たちも考えていきましょう。

【参照文献】
　グローバル・ノート　2016「世界の貧困率　国別ランキング・推移」http://www.globalnote.jp/post-10510.html（2016 年 10 月 19 日閲覧）。
　総務省　「平成 26 年国民生活基礎調査（平成 25 年度）の結果から」http://www.mhlw.go.jp/toukei/list/dl/20-21-h25.pdf（2016 年 10 月 19 日閲覧）。
　ピケティ，T.　2014『21 世紀の資本』山形浩生・守岡桜・森本正史（訳），みすず書房。
　ポラニー，K.　1975『大転換——市場社会の形成と崩壊』吉沢英成ほか（訳），東洋経済新報社。
　マリノフスキ，B.　2010『西太平洋の遠洋航海者——メラネシアのニュー・ギニア諸島における，住民たちの事業と冒険の報告』増田義郎（訳），講談社。
　モース，M.　2009『贈与論』吉田禎吾・江川純一（訳），筑摩書房。
　Firth, R.（ed.）2002.（1957.）*Man and Culture: An Evaluation of the Work of Bronislaw Malinowski*. London: New York: Routledge.

ブックガイド──さらに詳しく学びたい人のために

『贈答の日本文化』伊藤幹治,筑摩書房,2011年。
　　　　　中元・歳暮からボランティアまで,贈り物から日本文化を考える一冊。読みやすい文体で書かれているので,身近な日本の贈与事情について知りたい人にはおすすめ。

『所有と分配の人類学──エチオピア農村社会の土地と富をめぐる力学』
　　　　　松村圭一郎,世界思想社,2008年。
　　　　　本格的な研究書であり,あまりにも緻密なフィールドワークとデータの取り方には,同業者の私もただただ驚かされるばかりであった。「私のもの」とはいったい何か。初学者には決してやさしくはない本だが,この問いを考えながら,人類学の醍醐味を堪能してほしい。

第8章
観光
「観光客向け」は嫌ですか

●キーワード●
バリ，伝統，オーセンティシティ（真正性），本物／偽物

「私は旅や探検家が嫌いだ。」
　構造主義で一世を風靡した人類学者，レヴィ＝ストロースがその記念碑的著作『悲しき熱帯』の冒頭に書いた言葉です。遠い世界の人々をエキゾチックに他者化することへのアンチ・テーゼが込められた含蓄のある表現なのですが，それでも私は，探検はともかく，旅が好きです。大学の探検部・冒険部出身の人類学者も少なくありません。旅（や探検）はなぜこんなにも人を引きつけるのでしょう。
　考えてみれば実に不思議です。私たちは，たいてい誰かがすでに行って体験して楽しいと評価したところに，貴重な時間とお金を使ってわざわざ出かけていき，同じようなことをして，同じような写真を撮って，そして疲れて帰ってきます。なぜわざわざそんなことをするのでしょう。さらに，それでも満足したり，あるいはときに失望したりするのはなぜでしょう。この楽しさやがっかり感はどこから来るのでしょうか。
　その仕掛けを解き明かすのが観光人類学です。観光も人類学になるのですか，と驚かれるかもしれませんが，観光は今や人類学の代表的なテーマの一つです。観光人類学の世界に足を踏み入れれば，次から観光がもっと楽しくなること間違いなしです。あるいは，もはや純粋に楽しめなくなるかもしれません……。

1 人類学者が来たぞ！

　まずは図8-1を見て下さい。アメリカの漫画家グレイ・ラーソンが描いたイラストです。あちこちでよく使われていますが，非常によくできているので，ここでも使わせていただきます。

　ジャングルの奥地にでも住んでいそうな人たちが，テレビや電話や電気スタンドをあわてて隠そうとしています。窓の外には，カメラを首から下げ，ノートを手にした人が今まさにボートから降りてこちらに向かって来るのが見えます。イラストの下には「Anthropologists！Anthropologists！」つまり「人類学者だ！　人類学者だ！」というセリフが書かれています。そう，やってきたのは人類学者なのです。

図8-1　グレイ・ラーソンのイラスト
出所）山下編（1996：5）。

文化人類学への皮肉

　文化人類学者は世界各地に出かけていって，人々の文化を調べている。しかも，自分たちとは大きく異なった，まだ近代化の波が及んでいない人々の文化を。実は，そうした人々も今や電化製品などを普通に使って生活しているのですが，人類学者は昔ながらの伝統的な暮らしを調べたいのだろうということを，彼ら自身もちゃんとわかっている。人類学者をがっかりさせてはいけないということで，

彼らは普段使っている文明の利器を必死で隠そうとしているのです。

　人類学者が研究の対象とするような「未開社会」の「伝統的な文化」など，もはやどこにもありはしない。にもかかわらず，人類学者は相変わらずそれを追い求め，彼らの文化のユニークさをことさら強調しようとしている。このイラストは，そんな人類学の学問的な滑稽さを痛切に皮肉っているのです。人類学に関わる者としては，笑うに笑えない鋭い批判です。

自分の文化を意識する

　もう一つ，このイラストが示唆していることがあります。つまり，彼ら自身も自分たちの文化が人類学者の興味を引きつけるだろうということを十分に自覚しているのです。この本の冒頭で，文化とは私たちの「やることなすことすべて」だと書きました。そして前章まで具体的に扱ってきた家族のかたちや結婚のプロセス，贈り物のやり取りなどは，その当事者たちにとってはいわば当たり前の事柄であって，普段はことさら意識するほどのものではなかったはずです。しかし，このイラストに描かれた人たちは，自分たちの「やることなすこと」に人類学者という外部の者が関心を持っていること，そしてその対象は電化製品を使った近代的な暮らしではなく，「伝統的な」「未開社会」のそれであるということをはっきりと知っている，意識しているのです。文化は自分たちが生きていく上においてごく当たり前のあれこれだというばかりではなく，人々にとって鑑賞や消費の対象になります。そしてときには自分もまた他の人々の文化を鑑賞し消費するために出かけていきます。そうした視点で文化を見ていくと，これまでにない興味深いテーマが続々と現れてきました。

2　観光を考える

　その代表的なテーマの一つが観光です。人類学と観光がどう関係するのだろう，と不思議に思うかもしれません。一方で，観光はみなさんにとってもたいへんなじみ深い行動でしょうから，ご自身のこれまでの観光体験や，あ

るいはこれから行ってみたい場所などに思いをめぐらしながらこの章を読み進めて下さい。

観光とは

さっそくですが，観光とは何でしょうか。こうした身近な言葉こそ，改めてその意味を考えてみると難しいものです。

みなさんは，観光，たとえば旅行が好きですよね。ガイドブックやネットを見ながら旅行の計画を立てているとき，ワクワクしませんか。そしていよいよ出発が近づいてくると，楽しみで仕方がなくなってくるでしょう。小学生のころは遠足を心待ちにして，前の晩は眠れなかったという人もいるのではないでしょうか。どうして旅行や遠足はこんなに人を楽しくさせるのでしょう。

逆に，旅行の終わりを考えてみて下さい。たとえば，海外旅行から帰国したという状況であれば，長いフライトを終えて国内の空港に着き，長い列に並んで入国審査と手荷物チェックを受け，むくんだ足を引きずりながらアクセス列車から新幹線や在来線を乗り継いで，あるいは自動車に乗り込んで，ようやく家に帰り着く。あー，やっぱり家が一番！　そんなことをつぶやきながら，ほっと一息つき，スーツケースの整理もそこそこに，日常に戻っていく安堵感と一抹の寂しさをかみしめるのではないでしょうか。旅の終わりは日常への回帰でもあるのです。

しばしの非日常

つまり観光とは，日常からは隔たれた非日常に，しばしの間あえて身を置く体験なのです。そして，この「しばしの間」と「あえて」というところが重要なポイントです。世界には不幸にも紛争や迫害からの難民や，災害などからの避難者がたくさんいます。こういった人たちも慣れ親しんだ日常から切り離された非日常を経験しているとは言っても，それを観光と呼ぶことはありません。それは彼ら／彼女らが完全に自らの意思で難民や避難者という非日常経験を選択しているわけではなく，また帰るべき日常が確約されてい

るわけでもないからです。

　しばしの間あえて身を置く非日常の時間は，たいてい休暇や余暇です。みなさんも観光に行くのは，学校や仕事（バイト）が休みの週末，ゴールデンウィーク，あるいは春休みや夏休みでしょう。これは逆に言うと，日常には休暇や余暇の反対，つまり労働，みなさんが学生なら就学（学校で勉強）しているということです。多くの人が月曜から金曜日（土曜日）まで，週に5日から6日は労働や就学に勤しむことが日常となって，初めて観光という行為が一般的なものになりました。社会学者のジョン・アーリによると，この労働と休暇のサイクルが広く定着したのは，いち早く産業革命を遂げた19世紀半ば以降のイギリスにおいてでした。多くの人が日常の労働によって現金収入を得て，それを余暇や休暇の時間に観光という非日常体験によって消費するという，今まさに私たちがしている観光の仕組みが確立したのです。

「観光客向け」は嫌か

　さて，みなさんが仕事やバイトでお金を貯め，職場や学校の休みを利用して観光に出かけるとき，期待することは何でしょう。美しい風景や街並みを鑑賞する，温泉で癒やされる，その土地のおいしい名物料理を楽しむといったところでしょうか。

　たとえば食べ物に関して言うと，知らない場所に行ってどこで食べようかと考えるとき，みなさんは何を基準にしてお店を選びますか。おそらく，ガイドブックや，最近ではネットの情報を参考にするのではないでしょうか。そのとき，仮に「この店は観光客で大賑わい」とか「観光客のためにわざわざ考案された○○が人気」などと書かれていたら，どうでしょう。たいていは行く気が失せるのではないでしょうか。逆に，「50年以上も地域で愛され続ける名店，いつも地元の人でいっぱい」とあれば，「ぜひ行ってみたい！」と思うのではないですか。

　自分も観光客なのに，なぜ観光客向けの店は嫌なのか。地元で支持されるという評判がガイドブックやネットに出たら，それこそ観光客でいっぱいになってしまうのは明白なのに，なぜそういう店に惹かれるのか。特に海外で，

「知る人ぞ知る名店」みたいな書かれ方をしている店に期待して行ってみると，客の大半が日本人だったり，怪しげな日本語のメニューがあったり，店員がやたら観光客慣れしていてがっかりしたという経験がある人は多いのではないでしょうか。この「がっかり感」はどこから来るのでしょう。

本物とは

おそらく私たちは，特に意識する，しないは別として，地元で愛されている＝**本物**，観光客向け＝**偽物**という判断を下しているのでしょう。そして，せっかく休みの時間を使ってわざわざ観光に来たのだから，どうせなら本物を体験したいと望んでいるのでしょう。

ここで言うような観光客が期待する本物は，**オーセンティシティ**（authenticity，真正性）という言葉で表現されます。この本物＝オーセンティシティには，「本物として扱われている」というニュアンスがあって，たとえば宝石などが本物であるというときの genuine という言葉とは区別されます。宝石が本物か偽物かということは，最終的には成分を調べたら確実にわかることですが，オーセンティシティが含意するのは，何らかのかたちで判断されたり，評価されたり，権威を与えられているという意味での本物なのです。

観光体験において，何が本物で，何が偽物なのか。その基準は何で，それを判断するのは誰なのか。これこそまさに観光人類学の重要なテーマです。以下で考えていきましょう。

3　観光人類学ことはじめ

日本における観光人類学研究のパイオニアは山下晋司氏です。しかし，『観光人類学』という本のなかで自身が述べているところによると，彼は初めから観光に関心があったわけではなく，もともとはインドネシアで儀礼などの伝統文化の研究にたずさわっていました。そのため，彼にとって観光客は目障りな存在でしかなく，写真を撮るときもわざとファインダーから外し

て映らないようにしてきたそうです。ところが，そのうちに，現地の文化と観光が切っても切り離せない関係にあることに気がつき，ならばその両者の関係を正面から研究しようと，観光人類学に取り組む決心をしたということです。「『純粋な伝統文化』など虚構でしかない」(山下 1996：7)。観光を人類学の視点から考えるにあたって，示唆に富む一言です。それはどういうことなのでしょうか。

4　バリ島の観光

　観光地として世界的に有名なところは日本にも海外にもたくさんありますが，ここではバリ島を取り上げましょう。バリ島は 20 世紀初頭から観光地として開発が進められ，また観光研究においても注目されてきました。とりわけ，前述の山下氏と永渕康之氏が興味深い研究を展開していますから，それをもとに，バリの観光人類学を紹介しましょう。

バリ島の観光開発

　バリ島はインドネシアを構成する島の一つです。その大きさは日本の愛媛県ほどで，320 万人が暮らしています。インドネシア全体ではイスラーム教徒が 9 割近くを占めますが，バリ島に暮らす人々の大半はヒンドゥー教徒で，そのヒンドゥー教に根ざした儀礼やパフォーマンスが観光資源となっているのです。

　歴史的に見ると，1908 年にインドネシアはオランダによって植民地にされました。実はインドネシアの観光開発を進めたのは，この宗主国のオランダでした。オランダの郵船会社がヨーロッパからの豪華客船による観光事業を始めたのです。当時，こうした豪華客船による旅は西洋の豊かな人たちの間でブームとなっていました。ちなみに，レオナルド・ディカプリオとケイト・ウィンスレット主演の映画としても有名になったタイタニック号が沈没したのもこの時代，1912 年です。

　ヨーロッパからの船は，バリ島の一番北，シンカラジャという港に着きま

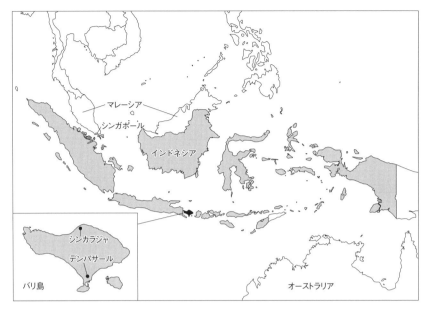

図 8-2　インドネシアとバリ島の地図

す。ここはオランダ植民地政府が置かれている，いわば新しく開発された植民地行政の中心です。このシンカラジャから，バリの元来の中心である南のデンパサールへと旅行者たちは進んでいきます。いわばディープ・バリに分け入っていくのです。

観光資源を整備する

　観光において最も重要なのは，観光スポットを整備することです。自然や宗教的施設などは，仮にいくら美しく荘厳なものであっても，それだけでは観光地になりません。私たちが観光に出かけるところに，文字通りの自然やありのままなどはないと言ってよいでしょう。たとえば，道路を整えたり，飲食店や宿泊施設や土産物屋を建てたり，安全のための柵やトイレや案内板を設置したり……，必要なことは山のようにあります。そうした観光客のための整備が行われてはじめて，私たちは観光を楽しむことができるようにな

るのです。

　そうして新しく建てられたバリ島のホテルや劇場では，ヒンドゥー教の宗教儀礼で催されていた劇や歌や踊りなどが観光客向けにアレンジされて，まるでショーのように演じられました。これがバリ観光の目玉になったのです。

バロン・ダンス

　そのうちの一つにバロン・ダンスがあります。バロン・ダンスとは，悪魔払いの儀礼の際に神々に捧げられていた劇を観光客向けにアレンジしたパフォーマンスです。従来は，ヒンドゥー教の寺院で数日間かけて奉納されていましたが，時間を大幅に短縮して内容もわかりやすくした上で，専用の劇場で演じられるようになったのです。劇場には観光客を乗せた大型バスが何台もやって来て，世界各地から訪れた観光客がバロン・ダンスを鑑賞します。

ラーマーヤナ・バレー

　もう一つ有名なパフォーマンスが，ラーマーヤナ・バレーです。ラーマーヤナとは，3世紀ごろにインドで成立したとされている叙情詩で，サンスクリット語で書かれています。コーサラ国の王子ラーマの物語を軸に，ヒンドゥーの神話も随所に織り交ぜてストーリーは展開していきます。このラーマーヤナに，音楽とバリ舞踊の振り付けをつけて，まるで西洋のバレーのようなパフォーマンスに仕上げたのがラーマーヤナ・バレーです。やはり専用の劇場で，2時間ほどの時間でコンパクトに上演され，観光客から好評を博しています。

　バロン・ダンスもラーマーヤナ・バレーも，もともとはヒンドゥー教に関わる儀礼であり古典だったものが観光客向けにアレンジが施され，観光客のために演じられているという点が特徴です。

観光とは追体験である

　こうして，世界各地からやって来た観光客は，バリ島の雄大な自然やヒンドゥー寺院を鑑賞し，バロン・ダンスやラーマーヤナ・バレーを楽しみ，豪

写真8-1 観光客で賑わうバリ島のビーチ（西川慧氏提供）

華なホテルに泊まって、バリ観光を満喫するのです。そして帰国後は、家族や友人たちに写真を見せながらバリのすばらしさを語ります。雑誌や新聞、後の時代にはテレビ、そして今ではインターネットにおいても、評判の観光スポットやアトラクションが紹介されるでしょう。それらを見聞きした人たちが、今度は自らそれを体験するために同じところを訪れます。同じものを食べ、同じ出し物を見て、同じ場所で写真を撮ります。そして同じように、そのすばらしさ、あるいはときに期待外れ感を他人に語り、ネットに書き込むのです。観光とはこのように、すでに知っているものごとを、自ら追体験する、もしくは自ら確認して評価するという行為なのです。

オランダ植民地政府にとっての観光

　一方、現地の社会にとって、こうした観光地化はどのような意味を持っていたのでしょうか。先ほども述べたように、バリ島の観光開発を進めたのは当時の宗主国のオランダです。観光地化すれば経済によい影響が及ぶということの他に、オランダ政府には別の思惑もありました。つまり、ヨーロッパからやってくる人たちにバリ観光を楽しんでもらえれば、自分たちが上手くバリを統治できていることのアピールになったのです。

　また、観光地化を通じて「バリの伝統」が外部から評価され、バリの人たちの目がそちらを向いていれば、宗主国オランダにとってはやっかいな独立運動や民族運動などは起こりにくくなるという意図もありました。わかりやすく言うと、海外の人たちは君たちの伝統文化をすばらしいと言っているのだから、それを大切にして観光地としてやっていった方が、独立なんて過激なことを考えるよりはよっぽどいいよ、ということです。

バリの人々にとっての観光

ところが，多くのバリの人たちにとっては，自分たちの伝統もさることながら，ヨーロッパ人が持ち込む豊かさや近代的なライフスタイルは非常に魅力的でした。また，植民地とは，統治される側にとっては抑圧であり搾取ですから，バリの人た

写真 8-2　ヒンドゥー教の寺院（西川慧氏提供）

ちのなかにはオランダ政府への反感も当然のごとくありました。支配者は憎し，その富はうらやまし，とも言えるようなバリの人たちの複雑な心情と状況のもとで進められたのがこの一連の観光開発だったのです。

世界的な観光地としてのバリとヒンドゥー文化の評価

その後，1945 年から 5 年間にわたるオランダとの戦いの後に，インドネシアは独立を果たします。そして，20 世紀の半ばを過ぎるころからバリ島を訪れる観光客はますます増え，ヨーロッパだけでなくアメリカやオーストラリアからの観光客，それに 1990 年代には日本人の，特に女性の姿が目立つようになりました。現在ではたくさんの中国人観光客も訪れています。

世界各地からバリの伝統文化に熱い視線が向けられると，バリの人々の方でも自分たちの文化に対する自意識が芽生え，アイデンティティが高揚してきました。日常の儀礼だけでなく，ダンスや歌にも多くの人たちがたずさわるようになり，コンテストなどが頻繁に行われています。バリのヒンドゥー伝統文化は，まさに観光地化と一体になって育まれてきたのです。

5　何が本物？　何が偽物？

こうしてバリ島の観光開発とヒンドゥー伝統文化の関係を見てくると，いったい何が本物で，何が偽物なのか，その線引きはなかなか難しいという

ことがわかります。もし，観光客用につくられたものが偽物だというなら，現在私たちが目にしている彼らのパフォーマンスは，ある意味ですべて偽物です。ならば，観光客向けでない，日常的に人々が行っている儀礼などは本物でしょうか。しかし，上で書いたように，観光客という外部の者たちから評価されることで，バリの人たちのヒンドゥー伝統文化に対する意識が高まり，今日まで保たれ，あるいはいっそう盛んになってきたという面もあるでしょう。逆に言うと，もし誰にも注目されていなければ，そんな面倒くさいことはやめてしまおうと，廃れてしまったり，ずっと簡略化されていたりしたかもしれません。

地元民は本物を知っているのか

たとえば，その地域で評判の店が地元客で賑わっていると言っても，結局のところそれも他者を相手にしている客商売ですから，店で出される料理は，客や店の人が普段家で食べているものと全く同じというわけではないでしょう。私が暮らす仙台では牛タンが有名ですが，仙台の人は必ず，「牛タンなんか普段食べない，お客さんが来たときに連れて行って食べるくらい。もう何年も食べていない」と言います。

では，家で出される料理は本物なのでしょうか。しかしそれも，作り手は，家族であれ，ゲストであれ，誰か他人のためにつくっているものでしょう。逆に言うと，誰かと食べるために用意する料理は，自分一人だったら多分つくらない，というようなものが多いのではないですか。

つまり何が言いたいかというと，料理にせよ，あるいは何かのパフォーマンスにせよ，それらは常に他者との関係のなかでつくられたり，演じられたりするものだということです。そのどこかで線を引いて，ここからこちらは本物，向こうは偽物とすることもできるでしょう。しかし，それはあくまでどこで線を引くことにするかの問題にすぎません（第6章の儀礼を思い出して下さい）。「あなたのために覚えた料理」と言われると嬉しいのに，「観光客のために覚えたパフォーマンス」と言われるとがっかりしてしまうのは，よく考えれば不思議なことです。

何にオーセンティシティ＝本物らしさを感じるのか

　問題は，私たちがどこにオーセンティシティ＝本物らしさを感じるかということなのでしょう。いくら観光客に向けられたものであっても，たとえば舞台装置や音響効果に優れて入念に演出された圧倒的なパフォーマンスであれば，私たちの多くはそこにオーセンティシティを見い出すに違いありません。あるいは観光客がたくさんいる店でも，店の雰囲気がよく，店員がフレンドリーで（もしくは，いかにもという感じでそっけなく），料理や飲み物がすばらしいと感じられれば，私たちはその観光経験に大いに満足することでしょう。

　つまり，オーセンティシティ＝本物らしさは，私たちが期待した通りの，あるいはときにそれ以上の観光経験をしたときに実感できるものだと言えるのではないでしょうか。

6　伝統とは

　こうして考えてくると，今ここに当たり前のようにあるものは，いろいろな紆余曲折を経て，今のようなかたちになっている。しかも，それは今後もまた変わっていくかもしれないということに気がつきます。

　そして，私たちが「**伝統**」と呼ぶのはたいていそうしたものです。などと言うと，違和感があるでしょうか。伝統とは，はるか昔から変わらずに脈々と受け継がれていて，今後も変わらない，変わってはいけないものだという認識が一般的でしょうか。

伝統は創られるもの

　しかし，ここまで見てきたように，たとえばバリの伝統文化，あるいはヒンドゥーの伝統は，オランダによる植民地支配と観光開発のなかで今あるかたちになったものです。それらは変わらないどころか，むしろ変わることで伝統として定着していったものですし，しかも，はるか昔どころか，ここ100年ほどの出来事です。

今日，伝統と言われているもののほとんどが，実はかなり最近になってから，近代化の影響や政治的な思惑によって新たに発見されたり，創り出されたりしてきたものなのです。英国の歴史家ホブズボウムとレンジャーは，その名も『創られた伝統』（原題は *The Invention of Tradition* ）という著作でそのように述べています。

　もし本当に昔から変わらずに受け継がれているものがあるならば（そんなものがあるとすればですが），当事者たちにとってそれはあまりにも当たり前で，「これが伝統だ」などと意識することも，声高に主張することもないものでしょう。逆に，「これが私たちの伝統だ！」などと言うときは，決まって，それはもうなくなりつつあるか，そんなものは初めからなかったということが多いようです。

和食＝日本の伝統！？

　たとえば，「和食：伝統的な日本の食文化」がユネスコの無形文化遺産に登録されたことをご存じの方も多いでしょう。そこで想定されている和食とはいったいどんなものでしょうか。農林水産省のホームページにある「和食の四つの特徴」を見ると，「一汁三菜を基本とする」「季節の花や葉などで料理を飾りつけ」といった表現が並んでいます。しかし，「一汁三菜」を実践している人は，今日どれくらいいるでしょう。「美しい飾り付け」は懐石料理をイメージしているのでしょうか。みなさん，懐石料理なんて食べたことありますか。懐石の意味はご存じですか。

　実は私たち自身にとってもそれほど身近なものとは言えないこの「和食」に対して，国を挙げて海外に正しい和食を伝えるという政策まであったのですから，驚きです。もっともこれは「スシ・ポリス」と批判されたりして下火になりましたが，同様の試みは今も業界団体などで行われているようです。しかし，ちょっと想像してみて下さい。中国の政府が，私たちが日本で食べている中華料理を見て，そんなのは間違っている！　なんて言うでしょうか。インド政府が日本のカレーを見て憤慨するでしょうか。私たちは，餃子にご飯，カレーにとんかつ……というふうに，海外から入って来たものを

上手くアレンジして、まさに普段の食卓に並べているのです。日本の食文化の顕著な特徴は、むしろそういったところにあるのでしょう。

そして、この農林水産省が言う「和食の四つの特徴」の最後には、「食の時間を共にすることで、家族や地域の絆を深めてきました」と書かれています。ところが、まさにこれとは逆のこと、すなわち、家族は一緒に食事をしなくなっているし、家族や地域のつながりが弱まってきていることは、ここ20年

写真 8-3 日本ではおなじみの餃子とご飯。餃子は日本ではご飯のおかずだが、中国では主食なので、ご飯と餃子を一緒に食べることは普通ない。一般的に長江より南は米が主食だが、北は小麦粉で作った饅頭、麺類、それに餃子が主食である。日本のラーメン屋では、ラーメンに餃子にご飯を食べている人を見かけることもあるが、これは中国では主食＋主食＋主食で、まさに驚きの組み合わせだ

ほどの間に深刻な社会問題となっています。やはりここで言われている「伝統」も、初めから存在しないか、あるいはもはやなくなりつつあるもののようです。

「伝統である」のではなく、「伝統になる」

しかし、その一方で、和食が海外で評価されたり、外国からの観光客に好まれたりすることで、私たち自身が和食を見直すようになり、和食がもっと身近なものになるということはあり得るでしょう。そうすれば、和食＝日本の伝統というイメージが実践をともなって定着していくかもしれません。ちょうど海外からの観光客に注目されることで、バリの人たち自身のヒンドゥー文化への意識が高まったように。まさに、「伝統である」のではなく、「伝統になる」のですね（第2章の『そして父になる』を思い出してみましょう）。文化は、当たり前のようにそこにあり続けるものではなく、発見され、創造され、かたちを変えていくものなのです。

7 さあ観光に出かけよう！

　ここまで見てきたように，観光とは非日常的な時間と空間のなかに身を置き，文化を鑑賞し，体験し，消費するといういとなみです。その対象となる建造物，食，パフォーマンス，それに自然や風景に至るまで，何一つありのままのものはありません。もしありのままに感じられるとすれば，それはそのように巧みに整備あるいは演出されているか，こちら側がそう感じるような状況にあるということなのでしょう。

　そして私たちは，ありのままと思われたものであれ，創られたことがわかったものであれ，事前のイメージ通りに見たかったものを見て，体験したかったことをした時，あるいはそれが想像を上回っていた時に，その観光に大いに満足します。その際に，どこに境界線を分けるポイントがあったのかを考えてみると，観光についての理解がより深まるでしょう。

　みなさんも次の観光には，ぜひこうした視点を携さえて出かけてみましょう。何かを見る時，何かを食べる時，「これは本物だろうか」「どの点でそう感じられるのだろうか」と考えてみて下さい。そうすれば，もっと観光を楽しめるでしょう。あるいは，もう観光なんて純粋に楽しめなくなってしまうかもしれません。そうだとしたら非常に申し訳ないのですが，しかしそれも含めて観光を楽しめたあなたは文化人類学に向いているかもしれませんよ。

【参照文献】

アーリ，J. 1995『観光のまなざし——現代社会におけるレジャーと旅行』加太宏邦（訳），法政大学出版局。

永渕康之 1996「観光＝植民地主義のたくらみ——1920年代のバリから」山下晋司（編）『観光人類学』pp. 35-42, 新曜社。

農林水産省「和食の四つの特徴」 http://www.maff.go.jp/j/keikaku/syokubunka/ich/ （2015年9月22日閲覧）。

ホブズボウム，E.／T. レンジャー（編） 1992『創られた伝統』前川啓治・梶原景

昭ほか（訳），紀伊國屋書店。
山下晋司（編）　1996『観光人類学』新曜社。
レヴィ＝ストロース　1977『悲しき熱帯』川田順造（訳），中央公論社。

ブックガイド──さらに詳しく学びたい人のために

『聖地巡礼ツーリズム』星野英紀・山中弘・岡本亮輔（編），弘文堂，2012年。
　　　　それぞれの記述は短いが，メッカから，四国のお遍路，靖国神社，毛沢東の生誕地まで，世界各地の52の聖地が紹介されている。とりわけ興味深いのが，日航機が墜落した御巣鷹山，9.11同時多発テロの跡地グランド・ゼロ，そしてアウシュビッツなど悲劇の現場に多くの人が訪れていることだ。私たちはなぜ，悲劇に引きつけられるのか。東日本大震災の被災地や東京電力福島第一原発などの今後を考える上でも示唆に富む一冊である。

『旅を生きる人びと──バックパッカーの人類学』大野哲也，世界思想社，2012年。
　　　　自身もバックパッカーとして旅を続けてきた著者が，その体験を存分に織り交ぜて，旅を続ける人々の文化を解き明かそうとする本。海外で日本人が集まる宿や，冒険の消費など，切り口が興味深く，楽しみながら読み進められる。かつてのバックパッカーのバイブル，沢木耕太郎の『深夜特急』（全6巻，新潮社，1994年）とあわせて読めば，自分の力で旅しようとする人たちの矜恃を理解することができるかもしれない。

『ハワイの歴史と文化──悲劇と誇りのモザイクの中で』
　　　　矢口祐人，中央公論新社，2002年。
『ハワイ』山中速人，岩波書店，1993年。
　　　　観光地として日本人に人気のハワイ。しかし，美しいビーチと青い空以外はあまり知られていないのではないだろうか。この2冊を読めば，アメリカ本土から抑圧されてきたハワイ先住民，20世紀初頭の日本からの移民，パールハーバー，そして「夢のハワイ航路」を経て日本の国民的な観光地となるに至るまでの経緯を知ることができる。観光地はそこにあるものではなく，いかにそうなってきたものであるかが理解できるだろう。

第9章
フィールドワーク
文化人類学の方法論

●キーワード●
民族誌，参与観察，オリエンタリズム

「フィールドワーク面白そう！」

　研究室に入ってきた学部2年生の学生たちに文化人類学を選んだ理由を聞くと，毎年何人かはこう答えてくれます。確かに，文化人類学のフィールドワークでは，実際に人に接し，自分の興味のあることをたずね，いろいろなことを新しく知ります。まさにこれがフィールドワークの醍醐味でしょう。若い人たちの内向き志向が嘆かれるなか，国内外の様々なところに出かけていって，見知らぬ人と出会い，積極的にコミュニケーションが取れるといった能力は，この先の人生でも役に立つかもしれません。

　しかし言い方を変えれば，フィールドワークはいわば生身の人間を研究対象とするということですから，ときにとても苦しくなりますし，場合によっては倫理的な問題が生じないとも限りません。しかも，フィールドワークはたいてい一人で長期間行うものですから，孤独と闘いながらの暗中模索でもあります。

　それでも，文化人類学者たちは，そして文化人類学に魅せられた学生たちは，今日もフィールドワークに出かけます。それはいったい，どんないとなみなのでしょうか。この章では，フィールドワークの面白さと難しさについて考えていきましょう。

1　舞台裏をお見せします

　ここまで読んでいただいたみなさん，文化人類学がどのようなものか，おぼろげにでも見えてきたでしょうか。家族，結婚，儀礼，贈与……，いろいろなトピックのなかにいろいろな事例が出てきました。それは，中国のものであったり，遠くアフリカのヌアー族の話であったり，あるいは身近な日本のことであったりと，まさに様々な地域の具体的な話でした。こうした事例の多くは，私自身も含め，たくさんの文化人類学者たちが調査によって集めてきたものです。

フィールドワークとは
　文化人類学の調査のことをフィールドワークと呼びます。「フィールド」（field）という言葉には「野」という意味があります。ここでは「屋外の現場」といったところでしょうか。「ワーク」（work）は「作業」や「仕事」です。よって，フィールドワークとは，少し言葉を補って言うと，「研究室や図書館ではない，外の現場に出かけていって行う調査」というふうに理解してよいでしょう。ちなみに中国語ではフィールドワークは「田野工作」あるいは「田野調査」と言います。英語の語感がダイレクトに出ていて面白いですね。
　他の文科系の学問分野，たとえば文学や歴史学や哲学などは，主に文献を使って研究を進めます。それに対して，文化人類学は，もちろん本も読みますが，フィールドワークを行うというところに大きな特徴があります。
　それでは，文化人類学のフィールドワークとはいったいどのようなものなのでしょうか。この本でみなさんが接してきた世界各地の様々な事例はどうやって集められたのでしょうか。書物や実験用の機械ではなく，生身の人間に対する調査と研究にはどんな苦労や問題があるのでしょうか。この章では，フィールドワークという，文化人類学のいわば舞台裏をみなさんにお見

せして、こうした問いについて考えていきます。

2　長く苦しいフィールドワーク

　フィールドワークは文化人類学の代名詞のようになっていますが、実際には文系理系にかかわらず、他の多くの分野でも行われています。しかし、それでもやはり文化人類学によるフィールドワークには特徴があります。それは何でしょうか。

2年も！
　第一の特徴は、長い時間をかけて行うということです。文化人類学の研究者としてやっていくためには、大学院生の時代に、たいてい2年間のフィールドワークを行うのが一般的です。もう一つの特徴は、現場に住み込み、現地の人たちとできるだけ同じように生活し、多くの時間をともにするなかで、実際に自分で見て、聞いて、学ぶということです。これを**参与観察**と言います。そのためには、相手の言葉を理解し話せるようになることが必要なのは言うまでもありません。
　2年間も見知らぬ土地に住んで、知らない人たちと関わって、おまけに言葉まで覚えなければならないとは、どれほど大変なのでしょうか。文化人類学では、なぜこんな苦行のようなことをするのでしょう。

なぜわざわざフィールドワークをするのか
　この本の冒頭に書いてあった内容を覚えていますか。文化人類学では、自分たちとは異なった文化を研究するのでした。異文化、それは普段は馴染みのない文化ですから、外部の者が理解しようとするのは簡単ではありません。しかし、内部の者なら上手く説明できるかというと、必ずしもそうとは限りません。現地の人たちに聞いても、即座に答えが返ってこないこともあります。たとえばみなさんも、外国から来た人たちと接していて、これは何？なぜこうするの？　などと聞かれて、いつも当たり前のようにやっているこ

とも，いざ他人に説明するとなると難しいし，自分でも意外とよく知らないということはありませんか。「なぜ，日本人は卵かけご飯を食べるのか」とか，「なぜ，いとこどうしが結婚できるのか」とか聞かれたら，ちょっと考え込んでしまうのではないでしょうか。

生活全体のなかで理解する

このように外部の者には不思議に思えるやり方や考え方にもそれなりの理由や根拠があるのでしょうが，ちょっと現地の人にたずねてみても，すぐにはわからないかもしれません。なぜならば，今，私たちの目の前にある様々な物事には，その社会における歴史の流れや環境条件のなかで培われてきた価値観や習慣が深く関わっているからです。四季の移ろい，1年の暮らしのサイクル，1日の生活のリズム……。そのなかに身を置き，自ら体験しながら，文化についてゆっくりと深く理解していこう。それが文化人類学の基本的なスタンスなのです。

3　フィールドワークのパイオニア，マリノフスキ

このようなフィールドワークのスタイルを確立したのは，第7章のクラ交換のところでも登場したマリノフスキです。彼はオーストラリアで調査をする予定だったのですが，そのころちょうど第一次世界大戦が勃発してしまいました。ポーランド人の彼は敵国だったオーストラリアへは入国できなくなり，トロブリアンド諸島でいわば足止めを食う格好となったのです。ならば，仕方がない，とマリノフスキはトロブリアンド諸島で調査を始めることにしました。最終的に4年にもわたった滞在期間のなかで，彼はクラをはじめ，人々の暮らし，宗教，性などを綿密に調べて記録したのです。写真9-1はトロブリアンド諸島のフィールドで現地の人々と写ったマリノフスキです。

その文脈で理解する

マリノフスキが成し遂げたフィールドワークの功績は，ある事柄を，そ

れだけで取り出して見るのではなく、その社会全体のなかでどう働いているかという視点で理解しようとしたところにあります。すると、外部の者には意味不明で理解不能だった事柄にも、そこではきちんと意味があり、働きがあることがわかってきます。例えるなら、私たちの細胞や臓器は、それだけを取り出してみたところでどうしようもないもので、身体のな

写真9-1　フィールドでのマリノフスキ
出所）Malinowski（1989）表紙。

かの所定の位置にあってはじめて互いに結びつき、それぞれの働きをすると言えばわかりやすいでしょうか。「生卵をご飯にかけて食べる」というところだけを見れば、外国の人は気持ち悪いと思ってしまうかもしれませんが、日本の環境や風土や歴史や価値観をトータルで知ってみれば、「ああ、なるほど、日本で卵かけご飯が好まれるのはもっともだ」と納得できるかもしれないということです。

機能主義と相対主義

　その社会のいろいろな事柄はそれぞれに関連しあって、意味をなし、働きを持っている。この考え方を機能主義と言います。そして、どんな事柄でも、その社会のなかでは相応の意味と働きがあり、固有の価値があるのだから、それだけを取り出して他と比較して優劣や美醜などを論じることはできない。これを相対主義といいます。後に文化人類学的な考え方の主要な二つの柱となった機能主義と相対主義は、マリノフスキによるフィールドワークが一つの大きなきっかけとなって定着したと言ってよいでしょう。ですからマリノフスキは、長期間の住み込み調査というフィールドワークのスタイルと、機能主義と相対主義という文化人類学的な思考方法の確立に大きな影響を与えた人物なのです。

通過儀礼としてのフィールドワーク

このマリノフスキ以来，今日に至るまで，フィールドワークは文化人類学者になるための通過儀礼の位置づけにあると言えます。通過儀礼とは，どこかで聞いた言葉ですね。そう，ここでは第6章で紹介した通過儀礼を思い出して下さい。大学院生である研究者の卵たちは，住み慣れた日常を離れて遠くの異なる社会に旅立つ（＝分離）。異文化のなかで苦労しながら調査を行う（＝過渡）。それを終えて帰国して博士論文を仕上げてはじめて，研究者になれる（かもしれない）（＝統合）。分離→過渡→統合という通過儀礼の構造が見事に当てはまります。少なくとも今日では，フィールドワークをしないで文化人類学の博士論文を書くのは難しいですし，博士号を持っていないと研究者としての就職の道もなかなか開けません。こうした意味からも，フィールドワークとそれを元にした博士論文の執筆は，まさに文化人類学者にとっての通過儀礼だと言えるでしょう。

さて，フィールドワークについてあれこれと紹介してきましたが，一般的な話だけではなかなか実際のイメージがわかないでしょう。そこで，一つの具体的な事例を紹介したいと思います。それは，私自身の経験です。自分のことを書くのは少々憚られるのですが，他の人のフィールドワークについて詳しく知ることは難しいので，唯一，始めから終わりまで知っている私自身のケースについて紹介することにします。

4 フィールドワークの一事例

私は1975年の生まれで，1994年に大学に入学し，修士課程を経て，2000年に博士課程に入りました。そして，その年の9月から2002年8月までの2年間，中国の広州市でフィールドワークを行いました。文化人類学に興味を持ったきっかけや中国で調査をすることになった経緯については『フィールドワーク――中国という現場，人類学という実践』（西澤・河合 2017）という論集のなかに詳しく書いているので，興味のある人はそちらをご覧下さい。ここでは，実際にフィールドワークの準備をするところから始めます。

お金は大切

　フィールドワークに不可欠なものは何でしょうか。やる気や学問的関心などは言わずもがなですが，それらは存分にあるという前提の上で，最も大切と言ってよいもの，それはお金です。2年間も海外に滞在するわけですから，日本よりも物価が安い国に行くとしても，よほどのお金持ちでもない限りは，そのための資金を調達する必要があります。そんなお金はどこにあるのでしょうか。

　幸いにも，調査や研究や留学のために助成をしてくれる民間あるいは公的な団体や機構がいくつかあります。「自分は○○ということに関心を持っており，それには××という意義があるので，ぜひとも私に助成をして下さい」といったことを申請書に書いて応募し，それが評価されたら助成が得られるという仕組みです。また，この申請書は，自分の指導教官や受入先の組織の責任者に見せる研究計画書の一部にもなりますから，その意味でも，研究の内容と意義を他人に上手く説明できるようになっておくのはとても重要なことです。こうした準備は，だいたい渡航の1年前から始めるのが普通です。

　私は運良く，中国政府から奨学金が支給される留学生に採用され，中国に行くことができました。授業料と寮費は中国政府が出してくれ，その他に学生一人が生活できるだけの資金も援助されることになったのです。実はこれ以外にもいくつかの助成プログラムに応募していたのですが，通ったのはこれだけでした。研究者としてやっていくためには，このように研究計画の立案→助成金への応募の繰り返しという一面があります。もちろんいつも採択されるとは限りませんし，恥ずかしながら，私などはむしろ不採択の方が多いくらいです。そうすると落ち込みますが，終わったことは仕方がない，次だ，次！　と切り替えることが大切です。

渡航のための準備

　お金のめどがついたら，次は滞在のための実務的な準備です。ビザや調査許可を取得しなければなりません。どういった条件で滞在できるか，どのような手続きが必要かは，渡航先の国によって様々です。

中国には留学ビザというものがあります。その取得のためには結核やエイズ検査などを含めたメディカルチェックを受けなければなりません。ただし，そうした手続きを済ませ，こちらからは必要な書類を用意して送っても，なかなか返事が来なくてやきもきさせられる場合もあります。また，相手国の政変や災害や感染症の流行などの理由で渡航を延期せざるをえなかったり，場合によっては調査地を変更しなければならないといったケースも起こりえます。本を読むのはたいてい自分のペースでできますが，フィールドワークは相手があることですので，何事も相手次第という面が大きいのです。

いざ中国へ，まずは語学から

私は幸いなことに，予定していた2000年の8月末に中国の広州に渡ることができました。しかし，具体的にどこで調査をするか／できるかはその時点では全く未定で，大きな不安を抱えていました。

とりあえず留学先の中山大学での授業が9月に始まると，私は広東語のクラスに入りました。広東語は中国語の方言の一つですが，いわゆる共通中国語とは，英語とドイツ語，あるいはフランス語とイタリア語ほども違うと言われています。たとえば，「私は日本人です」と言うとき，共通中国語では「我是日本人」を「ウォ・シィ・リーベンレン」と発音しますが，広東語だと「ンゴオ・ハイ・ヤップンヤン」となります。現在，共通中国語は広東の学校でも授業での使用が義務づけられていますから，若い人たちは話すことができます。しかし日常で使うのは圧倒的に広東語ですし，年配の人たちに至ってはほぼ広東語しかできません。こうした事情から，広東語圏の広州で調査をするためには広東語の習得は必須であろうと考え，まずは授業でしっかりと勉強することにしたのです。

写真9-2　広州市内。街のなかを珠江が流れる

フィールドを決める

　授業は平日の午前中だけでしたから，午後や週末は図書館に通って周辺地域のことを調べたり，実際に近くの村に出かけていってフィールドワークができそうなところを探したりしました。しかし，少し考えればわかることですが，見知らぬ外国人がいきなりやって来て，村の歴史とか文化に興味があるから調べさせてほしいと言っても，即座に歓迎されるのは難しいのです。案の定，あからさまに嫌な顔をされたり，写真は撮らせてもらっても，それ以上はちょっと……という雰囲気を出されたりして，すごすごと帰ってきたことも何度かありました。しかしこれも，やはり生身の相手があることですから，仕方がありません。調査地の決定には，多かれ少なかれ，みな苦労するようです。

調査協力者たちとの出会い

　しかし，そうしたなかでも，私に付き合ってくれる人たちがいました。初対面の私が拙い広東語で村のことや建造物のことなどをたずねると，それについて詳しく話してくれたのです。一族の系譜を書いた族譜（日本で言う家系図のような文書）を取り出して，自分たちの歴史について説明してくれたりもしました。こうした人たちはいずれも50歳を過ぎた年配の男性で，時間的に融通の利く仕事をしていたり，すでに退職していたりと，比較的時間に余裕があったようです。ただし，いくら時間があるとは言っても，嫌な相手とは誰も好んで接することはないでしょうから，彼らの方でも何か思うところがあったのかもしれません。相性と言ってしまえばそれまでなのでしょうが，こうした縁や運に左右されるのも，人間を相手にした文化人類学のフィールドワークならではの特徴です。

写真9-3　街角で談笑する老人たち。私にたくさんのことを教えてくれた

こうして私は，毎日彼らのところに通っては，いろいろな話を聞きました。すると，日本の学生が来ているということで，他の人たちも次第に私たちのところに立ち寄ってくれるようになり，顔見知りが増えていきました。特に，少し昔のことなどをたずねた際に，みんなで，ああだ，こうだと当時のことを思い起こしながら話してくれたことは，私にとってはとても有意義でした。

フィールドに住む

　こうして約半年が経ったころ，私はこの村に部屋を借りて住むことにしました。マリノフスキ以来のフィールドワークの特色は，なんと言っても住み込み調査です。しかし，2001年当時の中国では外国人が調査のために住み込むのは難しいとされていましたから，私も当初は連日，広州の中心部から村に通って調査をしていました。しかし，数ヵ月間通ううちに，どうやらこの村に住んでも問題なさそうだという気がしてきたのです。そこで，村の人たちに話してみると，親しくなっていた年配の男性の息子が5階建ての家を新築したところだというので，すんなりとそのワンフロアを借りることができました。

　村に住んでみると，やはり人々の生活のリズムを身をもって経験できますし，食事や催しへの誘いなども増えますから，調査の密度はぐっと上がりました。また，もめごとや葬式など，思いがけない出来事に出会うこともしょっちゅうあり，そこから当初は予定していなかったテーマへと研究が展開していくこともありました。しかも，そういった予想外のトピックの方が，研究としては得てして面白くなるものです。あらかじめ決めたものだけを見るのなら通いの調査でもよいかもしれません。しかし，行ってみてはじめて遭遇する驚きやショック，

写真9-4　筆者が借りて住んでいた部屋。ドアの向こうに備え付けのトイレとシャワーがあり，エアコンとネット環境は自分で整えた。電気も水道もないところでフィールドワークをした先輩からは，「ずるい！」と言われた

そしてそこから生まれる問題関心こそがマリノフスキ以来のフィールドワークの醍醐味であり，他の分野にはない文化人類学の特色でしょう。

もう帰国！？

そうこうしているうちに，あっという間に2年近くが経ち，帰国の日が迫ってきました。上のように書いていると，私はさも順調に調査を進めてきたように思われるかもしれませんが，実際はそんなことは全くありませんでした。終盤が近づくにつれ，まだあれもやっていない，これも聞けていないと，不十分さを実感するばかりでした。忘れもしません，あの2002年の夏には日韓ワールドカップが開催されていました。村の人たちとテレビでサッカーの試合を見ながら，実は私はものすごく焦っていたのです。

帰国後の不安

それでも帰国の日はやって来ました。成田を経由して仙台に着くと，ちょうど七夕祭りが行われている最中でした。大学に顔を出し，先生や先輩に「全然足りていない気がするんです」と話すと，「帰ってきた当初はみんなそう感じるもんだ。それに，長くやればいいっていうもんじゃないよ」と慰められました。また，同じ時期にフィールドワークをしていた人たちと話したり，ブログを読んだりすると，やはりみんな私と同じように，「自分は全然できていない」とか「他の人たちはもっとバリバリ調査をしているに違いない」といった不安にさいなまれていたことを知り，気持ちがだいぶ楽になりました。そして，とりあえず自分の手持ちの材料で，何とかやっていくしかないと腹をくくることができました。

多くの文化人類学者にとって長期間のフィールドワークというのは初めての経験で，しかも一人で行うものですから，それがどんなもので，どれくらいできればOKなのかがわかりません。また，今回はうまくいかなかったからもう一回行こうと思っても，再び1年や2年の長期調査に出るのは難しいでしょう。この孤独な不安感と闘い，折り合いをつけていくのもまた文化人類学のフィールドワークの一つの特徴なのです。

孤独との闘いと仲間との共感

　フィールドワークで得た情報や分析の結果をまとめたものを**民族誌**（エスノグラフィー）と言います。博士課程の学生の場合は，たいてい，この2年間のフィールドワークを元にした民族誌を博士論文として大学に提出します。

　民族誌／博士論文を書くのは，フィールドワークに勝るとも劣らないほどの長く苦しい作業でした。しかし，そんななかでも，先生からの指導はもちろん，同じ研究室の院生仲間や，学会などで知り合った他大学の学生たちと切磋琢磨することで，大きな刺激を受けるとともに，精神的にもかなり助けられました。文化人類学の関係者の間には，みなフィールドワークという，あの独特の経験（＝厳しい通過儀礼）を経た者どうしに通ずる共感のようなものがある気がします。登山者たちがすれ違うときに感じるシンパシーや，学生時代に同じ部活をやっていた人たちだけにわかる感覚のようなものかもしれません。フィールドワーク自体においてはもちろん，その後の研究生活でも，文化人類学は人との関わりのなかで展開していく学問なのでしょう。

長い道のり

　こうして私は博士論文の執筆を進めていきました。最終的に博士号を授与されたのは2007年3月ですから，2002年に帰国してから5年半の時間が流れていました。博士課程に入ってから7年がたち，私は31歳になっていました。これを長い，遅いと感じるかどうかは難しいところです。もちろん，もっと早く博士号を取る人もいます。逆に，もっとかかる人もいます。あるいは，何らかの事情のために途中で断念したり，進路を変えてしまう人もいます。フィールドワークは最低2年間という絶対的に不可欠な時間を要しますし，またそれとて相手のあることですから，こちらの思惑通りに進むとは限りません。他の文系の学問分野と比べると，文化人類学の学位取得はより長い時間を必要とし，かつ不確実な要素に左右されると言ってよいでしょう。

フィールドワークで大切なこと

　これが私のフィールドワークの経験です。今から振り返ってみると，フィー

ルドワークに大切なことは何よりも出会いであり，そして出会うことができた人々とよい関係を築けるかどうかに尽きると思います。その際には，月並みな言い方ですが，こちらの熱意と誠意が相手から問われています。問いかけるということは，こちらも問われるということです。そう言えば，日本語では，「たずねる」（ask）という意味の「聞く」と，話を「聞く（聴く）」（listen）は同音です。相手にたずねるということは，相手の話を聞くということでもあるという点で，この二つの言葉が同音であるのは意味深長な気がします。まさに，「聞くは，聴くなり」。フィールドワークとは，信頼関係に支えられた相手とのコミュニケーションであり，共同作業でもあるのです。

5　調査がはらむ暴力性

さて，このままだとよい話で終わってしまいそうですが，次にフィールドで調査をするとはどういうことなのか考えてみましょう。「暴力」という，ちょっと物騒なタイトルをつけてしまいましたが，これはあながち比喩ではありません。

調査は搾取か

先ほど，私のフィールドワーク経験ではよい調査協力者に恵まれたと書きましたが，それにしても彼らはどうして私に協力してくれたのでしょうか。私は彼らに謝礼を払ったりはしていません。彼らの方には，私に付き合うことに関して何の義務もないし，何の得もないでしょう。あるいは，友人として接しているのだから，損得ではないと考えることもできるでしょうか。しかし，私は彼らのところでフィールドワークを行い，彼らから教えてもらった様々な知識を元に博士論文を書いて学位を得，そして教員・研究者として大学に就職し，その後もやはりフィールドワークで得た知見を元に学生に講義をしたり，学会で発表をしたり，本や論文を書いたりしています。つまり，私にとって彼らとの出会いは，いわばその後の人生の多くを決めるものであり，そして現在に至るまでの生活の糧にもなっているわけです。しかしその

一方で，彼らにとって私との出会いは，日本人の友人が一人増えたくらいの意味しか持たないでしょう。

第7章の贈与で得た知識を元に言うと，私は彼らから一方的にもらうだけで，お返しをしていません。「貰ったのと同じだけ施しなさい」というマオリの酋長の教えに明らかに反していますし，ポトラッチにおいては「腐った顔を持つ男」と言われかねません。果たして，それでよいのでしょうか。

客観性はあるのか

また，多くの場合，フィールドワークは一人で行うものですし，論文を書いたり発表したりするときには，相手のプライバシー保護のために，仮名を使うのが普通です。すると，私が見てきたことは私しか知らないし，他の人が追跡調査をするのも難しいわけです。ならば，私が書いていることや言っていることが本当かどうか，いったいどうやって証明されるのでしょうか。おまけに，日本人ならば，たいてい日本で，日本の読者に向けて，日本語で本や論文を書きますから，調査をされた側の人たちがそれを目にすることはまずありません。もし間違ったことが書かれていたとしても，それを訂正したり抗議したりする機会は彼らにはないのです。

調査するのは強い側

しかも，調査する側というのは，調査される側に比べて，たいていは経済的に恵まれていて，政治的な立場も強いことが多いのです。最近では中国も豊かになって，日本に来て「爆買い」する人たちが話題になっていますが，それでも一学生が，2年間も外国で調査のためだけに暮らすのは簡単ではないでしょう。私がフィールドワークをしていた当時，広州は中国で最も豊かな地域の一つでしたが，それでも農村部の人たちの収入は日本円で月2万円ほどでした。海外旅行ですら一部の国以外はまだ全面的に解禁されておらず，欧米や日本に普通の人が行くのは非常に困難でした。対照的に，日本では，大学生でも少し頑張ってバイトをすれば海外旅行に行くのは難しくありませんし，たいていの国にはビザや渡航条件に苦労することなく訪れること

ができます。中国での私の調査が実現したのは中国政府の助成を得られたことが大きかったのですが，そもそも中国に関心を持ったのはそれ以前に何度か個人的な旅行で訪れていたことがきっかけになっていますから，やはり私も「持てる者」の立場にあったのは確実でしょう。

支配と調査の関係

さらに，もう少し歴史的な視野から見ると，調査をする側というのはたいていかつての植民地の宗主国，される側は植民地にされていた側，あるいは明確にそうではなくても，両者は支配と被支配の関係にあったことが多いのです。たとえば観光の章で取り上げたインドネシアは，宗主国だったオランダが熱心に研究を進めてきました。あるいは，インドならイギリス，マグレブ（アルジェリア，チュニジア，モロッコなど北アフリカ諸国）ならフランス，ネイティヴ・アメリカンはアメリカ，そして台湾や朝鮮半島，さらに中国の特に北部については日本による膨大な研究が積み重ねられてきましたし，今日でも盛んに研究が続けられています。中国に関心を持つようになった私は，こうした研究蓄積を身近に手に取ることができ，また日本語で読めることで大きな恩恵を受けてきました。このように考えると，私の研究も歴史上のある時期の強者と弱者の力関係の上に成り立っているという事実は否めないでしょう。

文化人類学とフィールドワークへの批判

ここでまとめておくと，フィールドワークとは，強い立場の豊かな者が，弱く貧しい者たちを一方的に調査し，記述し，表象し，しかもたいていはその妥当性が検証されることのない行為であると言えます。私たちは何とひどいことを行ってきたのでしょうか。

おそらく，こうしたことに個人的に疑問や違和感を抱いた人はいつの時代もいたでしょう。しかし，それを正面から問題として捉え，学問的に探求しようとしたのは，図9-1に挙げたエドワード・W・サイードの『オリエンタリズム』，そして図9-2のマーカスとフィッシャーの『文化を書く』まで待

たねばなりませんでした。英語圏ではこれらの書物が出版された1970年代から80年代にかけて，日本では翻訳が出て広く読まれるようになった1990年代後半から，文化人類学とフィールドワークに対する批判の嵐が巻き起こりました。

文化人類学はもう終わり，フィールドワークなんて今後はもうできない。私が大学院に入るころにはそうした絶望的な言葉があちこちで聞かれました。当時，本格的に文化人類学に取り組み始めた者たちは，多かれ少なかれ，みなこの問いに向き合わねばなりませんでした。文化と権力についての研究を進める太田好信氏の言葉を借りるなら，「文化を語る権利は誰にあるのか」という問いです。

6 変わる人類学と　　フィールドワーク

調査される側がする側へ

ちょうど同じころ，文化人類学を取り巻く状況，たとえば世界情勢であったり，学術の社会的な位置づけなどもまた大きく変化していました。一つは，いわゆる新興国の経済発展やグローバル化などの影響によって，それまで一方的に調査される側であった人たちも，みずから自分たちの文化に対して，あるいは外国に出かけていって，フィールドワークを行い研究成果を発表するようになったのです。たとえば，みなさんにも外国からやっ

図9-1　エドワード・W・サイード『オリエンタリズム上』の表紙。原著は1978年刊，翻訳は1986年に出版された

図9-2　『文化を書く』の原著 Writing Culture の表紙。翻訳は1996年に出版された

て来た友人がいるのではないでしょうか。日本で学ぶ留学生は 1985 年には 1 万 5000 人ほどしかいなかったのが，条件は一様でないとは言え，今や 20 万人近くにまで増えています。私の研究室にも中国や韓国やメキシコ出身の留学生がいて，自分の国のことを研究している学生もいれば，日本の文化について調べている学生もいます。つまり，文化人類学は日本を含めた西側諸国だけのものではなくなっているのです。ですから，自分の社会を調査したネイティブの人類学者が，これまでの他者からの描かれ方に異を唱えたり，あるいは従来は調査する側だった欧米諸国や日本が，調査される側だった国の人類学者の調査対象になるといったケースも今や珍しくなくなっています。

調査者の活動も変わる

調査者の研究活動のあり方も，一昔前とはかなり違ってきています。たとえば，私自身の例で言っても，中国で調査したことを中国の学会やシンポジウムで，多くは中国人の聴衆に向けて中国語で話すことも増えましたし，欧米諸国で英語を使って様々な社会的背景を持つ人たちの前で発表する機会も少なくありません。つまり，調査してきたことを母国に持ち帰って母国の人たちに向けて母国語だけで書く／話す，という状況は変わりつつあるのです。

研究成果を還元する

また，調査地の人たちから「もらいっぱなし」はよくないということで，平たく言うと，こちらの研究成果を相手の人たちにも役立ててもらおうという試みもあります。特定の社会問題の解決を目指して行われる文化人類学的な研究方法も増えています。たとえば，現地の貧困問題を解決したり，社会的弱者の権利を向上させようとするならば，その社会の人間関係の特徴や宗教信仰のあり方や価値観などを詳しく知った上でアプローチする必要がありますから，文化人類学の知見が発揮できるでしょう。東日本大震災によって失われそうになった地域の祭りや芸能の保存と継承，集団移転のための話し合いの調整などに文化人類学の経験と知識が生かされているというケースもあります。こうした試みは，文化人類学が研究室や学会といった狭い世界

のなかだけでなく，もっと広く公（おおやけ）に関わっていくべきだという考えを表わして，公共人類学と呼ばれています（興味のある方は山下晋司（編）『公共人類学』を読んでみて下さい）。

7 それでも，文化を語る権利は誰にあるのか

このように，文化人類学を取り巻く状況，それに文化人類学そのもののあり方も，ここ十数年のうちに大きく変わってきました。しかし，それで上に挙げた問題は解決されたのでしょうか。つまり，「文化を語る権利は誰にあるのか」という問いの答えは出たのでしょうか。

たとえば，何か相手の役に立つ貢献ができるからといって，それが即座に相手を調べる免罪符になるとは限りません。こちらは研究をしているという前提はやはり揺るがないからです。それに，研究者や大学の教員といった今ある自分の立場がフィールド先の人たちのおかげだとするなら，相手からもらったものの方が大きいことは否めないでしょう。全く返さないよりはよいのかもしれませんが，相手の役に立つから調査が許される，という単純な話ではないはずです。東日本大震災を機にたくさんの研究者が被災地に入り，もちろん重要な調査や研究もたくさん行われてきましたが，なかには迷惑がられる人たちがいたという事実は忘れてはなりません。

自文化をフィールドとしても他者は他者

また，先ほど挙げたネイティブ人類学者のように，自分の社会を研究するなら問題はないのでしょうか。これも少し考えれば，そう簡単ではないことがわかります。すなわち，自分の社会とは言っても，自分自身を研究するのではない限り，対象が他者であることに違いはないからです。しかも，文化人類学者というのは，たいてい現地の有名な大学に属する研究者や先生たちですし，わざわざ調査のために時間と労力を費やすことができるのは経済的にも比較的恵まれているからでしょう。つまり，自社会であっても，優位な立場にある研究者が，それよりは弱い立場にある他者を調査するという構図

は変わらないのです。こう考えると，ネイティブだから文化を語る権利があるとは，そう簡単には言えないことがわかるでしょう。

他者の文化を語ることの重さと責任を引き受ける

文化を語る権利は誰にあるのか。この問いに答えるのが極めて難しいことに変わりはありません。「そんなものは誰にもない」のかもしれません。あるいは「誰にでもある」と言えるのかもしれません。いずれにしてもこの問いは，生きた人間を対象とするフィールドワークには様々な問題があるということを自覚しながら，文化人類学界全体が，そして個々の文化人類学者が考え続けなければならないものです。極めて個別的な作業であるフィールドワークについて一つ確実に言えることがあるとすれば，それは，他者の文化を語ることの重さと責任を引き受ける，これに尽きるでしょう。

【参照文献】

太田好信　2001『民族誌的近代への介入——文化を語る権利は誰にあるのか』人文書院。

川口幸大　2017「住み込みと継続的なフィールドワーク——広東省珠江デルタにおける経験から」西澤治彦・河合洋尚（編）『フィールドワーク——中国という現場，人類学という実践』風響社。

クリフォード，J.／G. マーカス（編）　1996『文化を書く』春日直樹ほか（訳），紀伊國屋書店。

サイード，E. W.　1986『オリエンタリズム』今沢紀子（訳），平凡社。

山下晋司（編）　2014『公共人類学』東京大学出版会。

Clifford, J. and G. E. Marcus (eds.) 1986. *Writing Culture: The Poetics and Politics of Ethnography.* Berkeley: University of California Press.

Malinowski, B. 1989. *A Diary in the Strict Sense of the Term* (*2nd ed.*), translated by Norbert Guterman. Stanford: Stanford University Press.

ブックガイド――さらに詳しく学びたい人のために

『微笑みの国の工場――タイで働くということ』平井京之介，臨川書店，2013年。
　　　文化人類学のメッカである国立民族学博物館の研究者たちが自身のフィールドワーク経験と研究成果を紹介する「フィールドワーク選書」の一冊。タイの日系企業にフィールドワークの許可を得るために出向いた著者が，Tシャツにジーンズというラフな格好だったために社長から苦言を呈されたエピソードなど，失敗談もふんだんに盛り込まれている。フィールドワークの実情を知ることができると同時に，今は立派な先生たちも若いときにはこんな苦労をしたんだ，と勇気づけられるかもしれない。

『フィールドに入る』椎野若菜・白石壮一郎（編），古今書院，2014年。
　　　目下，続々と刊行されている「100万人のフィールドワーカーシリーズ」の一冊。このシリーズは様々な分野で活躍するフィールドワーカーの実体験から構成されていて，経験者は大いに共感しながら読めるし，これからフィールドワークを始めようとする人はそれがどんなものかを知ることができるだろう。特に本書は「フィールドに必ず持っていくもの」という項目に各執筆者が答えていて，たいへん興味深い。自己紹介のときに見せると喜ばれるからと，自分の白無垢姿の結婚写真を持っていくという人も。さて，自分は何だろうと考えてみて，思い浮かんだのは靴墨だった。靴はたいてい1足しか持っていかない。かしこまった場に出るとき，飛行機や高速鉄道に乗るとき，せめて足もとだけはきれいにと，せっせと靴を磨く……。

『フィールドワークへの挑戦――「実践」人類学入門』
　　　菅原和孝（編），世界思想社，2006年。
　　　ブッシュマン研究の泰斗である菅原氏が京都大学で実践しているフィールドワークの授業を再現した本。学生のレポートにばっさりとダメ出しをしているところもあり，ハラハラさせられつつも，菅原氏と学生との信頼関係がうかがわれて，同業者としては大いに敬服する。実際に，高校生のときにこの本を読んで文化人類学を志し，私たちの研究室に入ってきた学生もいた（そこは京都大学ではなく，東北大学だったが）。

第10章
文化人類学を学んで
いったい何の役に立つ？

●キーワード●
役に立つ，多様性，迷い，共感

　ここまで読んでくれたみなさん，いかがでしたか。文化人類学は面白そうだと思いましたか。少しでも興味がわいてきたと言っていただければたいへん嬉しいのですが，そういう人でも気になることがあるのではないでしょうか。文化人類学で扱うトピックや考え方はだいたい理解できたけど，文化人類学を学んでどうなるのか，どう役に立つのか，どういう仕事があるのか。きっと，こうした点も知りたいと思うでしょう。これから大学で専攻するとなると，当然の疑問です。私も二十数年前に気になっていたことです。

　そんなことは自分で見つけるものだ，という考えも確かにあるでしょう。しかし，文化人類学の研究だけではなく，教育にもたずさわる者としては，この種の問いに対して自分なりの答えを言えた方がよいと思うのです。もちろん，それは一つの絶対的な何かである必要はなく，一人ひとりが学生に接するときにとる指針であり，姿勢であって，かつ自分のなかでも変わりゆくものでもあるでしょう。

　実は私もこれについては大いに揺れていて，しょっちゅう学生たちに「文化人類学を学んで，どうだった？」と突拍子もない問いを投げかけています。ですから，この最後の章は，私からみなさんへの問いかけでもあるし，私自身への問いかけでもあります。文化人類学を学ぶとどうなるのか，一緒に考えていきましょう。

1 学ぶ人たちの変化

 そもそも私がこの本を書こうとしたきっかけは，初心者にすすめられる読みやすい文化人類学の入門書がほしいと思っていたことでした。その理由の一つとして挙げられるのが，文化人類学を学ぼうという人の背景や問題関心が少し前とは変わってきたと感じるようになったことです。

研究室の雰囲気の変化
 私が大学で文化人類学を学び始めた 1990 年代の半ば，この学問はエキゾチックでワイルドな雰囲気を漂わせていました。研究室にはもうもうとたばこの煙が立ちこめ，先輩たちの何人かは私には見慣れない民族衣装のような服を着ていて，見たこともない酒を飲み，不思議な食べ物を口にして盛り上がっていました。体育会系の部室ともまた違う異質な空間に，私は正直なところ，なかなか馴染むことができませんでした。その後いろいろな経緯があって私は大学院に進学して文化人類学を続け，数年前からは母校の大学で学生たちに文化人類学を教える立場になりました。
 すると，学生たちと研究室の様子があのころとはずいぶん変わっていることを実感せざるをえないのです。かつての混沌とした魔窟のようだった研究室を連想させるものは，もはやかけらもありません。たとえば今，研究室に掛けられているカレンダーには「○○ちゃんバースデイ」「ピカソ展に行く」など，学生たちによって楽しげな予定が書き込まれています。何より部屋全体がすっきりとして華やいだ雰囲気に満ちています。いつもたばこを吹かしていた，あのヒゲ面の先輩たちは，もし今なら，逆に馴染めなかったかもしれません。
 そして，研究室の雰囲気だけでなく，この学問に対する学生たちの関心の持ち方や，研究室にやってくる学生のキャラクターそのものも変わりました。私が学生だったころのように，とにかくアフリカに行ってみたいです！

とか，中国の少数民族に興味があります！　という，地理的にも存在的にも自分たちとは隔たっている（と認識される）対象にひかれるという学生は少なくなりました。むしろ学生たちの問題関心は，市内や大学の国際交流・多文化共生に関わりたいとか，自身の問題としてLGBTについて考えたいという，より自分に近く切実な事柄に向いているようです。本書でヌアーやアザンテの事例を紹介しつつも，最後には身近なトピックに戻って議論を進めるというスタイルをとったのも，学ぶ人たちのこのような関心の変化を感じたからです。

新たなニーズの誕生

　さらに，私の大学でも毎年夏にはオープンキャンパスを開催しており，2日間で200人近い高校生が研究室を訪れるようになっています。高校へ出前講義のようなかたちで授業をしに行く機会も少なくありません。ときにはまだその高校にすら馴染んでいないと思えるような16歳くらいの若い人たちに対して，文化人類学についてお話ししなければならないのです。

　また，時期によっては毎日のように，「留学生として受け入れて下さい」というメールが，海外から，あるいは日本の各地から届きます。私は地域としては中国をフィールドとしていますから，問い合わせの大半は中国人の学生からのものです。そのほとんどは，学部時代に日本語学科に所属して日本語を勉強していた人たちですから，日本語はある程度できますが，文化人類学を学んだ経験はほぼゼロです。その点で言うと，学部は卒業していても，文化人類学については初心者の高校生や学部1年生と同等の説明から始める必要があるということです。

　高校生と，これほど多くの留学生は，私が学生のころには間違いなく研究室で見かけることのない存在でした。まさに異文化体験です。こちらも意識の変革を求められていて決して楽な状況ではないのですが，新しい人たちに文化人類学を知ってもらえる機会ができたことは大いに喜ぶべきでしょう。

　そういった人たちに，まずはこれを読むといいですよ，とすすめられる本を書きたいと思ったのが本書を構想したきっかけです。ですから，文化人類

学を学ぶとどうなるのかについても，私なりの説明をしておく必要があると考えて書いたのが以下の内容です。

2　進路と就職先

　オープンキャンパスにやって来た高校生や，研究室を見学に来た大学1年生からよくたずねられるのが，文化人類学を学んだ後にはどういう就職先があるのかということです。これについては，少なくとも私たちの研究室の傾向ならば明確に答えることができます。

卒業後の進路
　私が所属する東北大学の文学部では，学部2年生から各専修に分かれて研究室に所属することになっています。文化人類学専修には毎年10人の学生が入ってきます。1年間留学したり，いろいろな事情で卒業を延ばしたりする学生もいるので，卒業年度は前後しますが，平均すると卒業後の進路は，4〜5人が民間企業，3人ほどが公務員，1〜2人は大学院，教員が数年に1人，その他が若干名といったところです。文学部には25の専修がありますが，たとえば国文学や英文学などの文学系，あるいは日本史や西洋史といった歴史系では教員になる人がやや多いという以外に，この傾向はどこでも大差ないでしょう。つまり，文学部では何を専攻しようと，卒業後の進路はほぼみな同じです。言い換えると，大学時代に専攻したことをダイレクトに活かした就職先はほとんどないということです。

学びが「役に立つ」とは
　ただしこれは，文化人類学を含めた文学部の学問を学んでも将来的に何の役にも立たないということではありません。この場合の**役に立つ**とは，わかりやすく言うと，たとえば高校球児がプロ野球の選手になるとか，教育学部の学生が教師になるとか，法学部の学生が弁護士になるとか，工学部の学生がエンジニアになるというように，学生時代にやっていたことと職業が直接

的に結びついているということを意味するのでしょう。しかし，少し考えればわかることですが，すべての高校球児がプロ野球入りできるわけではありませんし，法学部の卒業生がみな弁護士や裁判官になるわけではないですから，学生時代に専攻・選択したことを職業とする人はやはりごく一部でしょう。ですから，どの学部や専攻や，（高校球児の場合は）部活にしても，高校・大学でやっていたことをかなり直接的に使う職業に就く人は限られています。これはすなわち，多くの人にとって，学生時代に学んだことがそのまま職業につながるという以外の意味で，「役に立つ／立たない」を考える必要があるということです。

　大学という高等教育に限って言うと，いずれの学部や専修でも，そこで身につけるべきは，ものごとを考えて思いをめぐらせる想像力と思考力，それに基づきながら既存のものを応用したり新しいものを生み出したりする構想力と創造性でしょう。どんな仕事をするにしても，どんなふうに生きるにしても，これらが関係しない局面はないでしょうから，「役に立つ／立たない」で言えば，間違いなく役に立ちますし，誤解を恐れずに言えば，文学部の学問は，世間一般のイメージに反して，十分に実用的なのです。

3　文化人類学と他の学問

　話が抽象的になりすぎるのはよくないでしょうから，ここで文化人類学に視点を戻しましょう。いろいろな学問分野を学べばそれぞれに有用であるということはわかりましたが，そのなかで文化人類学にはどういう特徴があって，それを学ぶとどうなるのでしょうか。

対象の広さ
　世の中の人たちが文化人類学に抱くイメージは，どこか遠い国のジャングルのなかで見知らぬ民族の暮らしを調査しているというものが多いようです。しかし，この本を読んで下さったみなさんはもうおわかりでしょうが，文化人類学が扱う地域もテーマも，実はそれよりもっとずっと広いのです。

第1章でお話ししたように，文化とは私たちがやることなすことすべてですから，やり方によっては，あらゆるものが文化人類学の研究対象になりえます。現に人類学は，歴史，宗教，文学，言語，経済，政治，法，芸術，環境，それに科学まで，それ自体が専門として確立している分野も含めて，あらゆる主題を扱っています。たとえば，文学者は文学を文字通り文学として，美学者は美術を美術として，そして科学者は科学を科学現象そのものとして扱います。これに対して人類学では，文学も，芸術も，科学も人間のやることなすことのうちの一つという姿勢でのぞみますから，どれも研究の対象にできるのです。これは他の分野と比べたときに，特に顕著な文化人類学の特徴でしょう。

文化人類学と社会学

あらゆるものを研究の対象にできるという点で言えば，社会学もそうでしょう。どこにでも文化があるとするのが文化人類学ならば，どこにでも人間の社会があると考えて研究を進めるのが社会学だと言ってよいと思います。実は，研究室に見学に来る1年生もよく，「文化人類学か社会学かで迷っているのですが，どう違うのですか」という質問をします。

私が理解するところによれば，社会とはある程度の数の人間の総体ですから，やはり社会学では個別性よりは一般性を重視するという傾向が強いという印象を受けます。またそれとも関係しますが，社会学ではあらかじめ何か問題なり理論なりがあって，それを検証するために個別の事例やフィールドに取りかかるケースが多いのも特徴でしょう。

一方，文化人類学はこれとは対照的なところがあって，文化とは場合によっては社会よりも少し小さい範囲でも通じているものですし，それに極端に言えば，一人の人でも人類の一人ですから，着眼のポイントと議論の向かう先が社会学よりは個別具体的な傾向にあります。また，事前に漠然とした問いのようなものはあっても，問題や理論が先行しているというよりは，それらはフィールドに行って改めて発見するという場合が多いのも特徴でしょう。

ですから，文化人類学から見て社会学は，「全体的な話としてはきれいに

まとまっているけど，具体的な実情がわからない」となり，逆に社会学から見て文化人類学は「個別的なことはわかったけど，それがどの程度まで他の事例や一般的な状況に当てはまるのかがわからない」と評されることになります。私は学生たちにこうした特徴をひとしきり説明した後，最後には，「すっきりと全体を見通せる話が好きなら社会学，細かいことにグダグダとこだわって歯切れが悪いのが好きなら人類学かな。あと，人類学者は食べ物や飲み物の話が好きだという傾向はあると思う。ここまで来ると，あとはもう個人の好みの問題でしょう」と言うことにしています。もちろん，両者ともそれぞれ個別性と一般性をないがしろにしているというわけではなく，また飲み食いの嗜好も含め，あくまで傾向としての話だということを断っておきます。

4　実際に学んでみた人の話

　文化人類学は人間のなすことすべてを研究対象にできるという特徴と，社会学との違いは，なんとなくでも理解していただけたでしょうか。では，文化人類学を学ぶと，いったいどうなるのでしょうか。自分にとって，あるいは社会にとって，どんな意義があるのでしょうか。

多様性の理解と自己の肯定
　研究室にいる3年生や4年生に「文化人類学を学んでどうだった」とたずねると，「世の中にはいろいろな人がいるということがわかった」「だから，あれでも，これでもいいんだという寛容性が身についた」「いろいろなことに違和感を抱いていた自分も，それでいいんだと思えるようになった」といった答えが返ってきます。
　ある社会で生まれて成長していくということは，その社会のいろいろな決まり事を学んで身につけていくということですから，高校生くらいまでは一生懸命に「そうあらねばならない」を習得してきた時期に当たるでしょう。逆に，その過程では，「そうではない」ことはよしとはされませんから，そ

れとは違う人たちや考え方に対して否定的な感情を抱いてしまうこともあるでしょう。あるいは，自分自身にもしっくりこないということがあっても，この段階ではまずは周りに合わせるのが大切だと思ってしまいますから，おかしいのは自分なのだろうか，と半ば無理矢理に納得しようとするか，あるいはそれが上手くできずに，わだかまりを抱えることになってしまうのかもしれません。

　しかし，この本で述べてきたように，文化人類学では，世界にはそれ以外の様々な生き方や考え方があり，様々な人たちがいることを学びます。決して物事の本質から「そうあらねばならない」わけではなく，それはいわば暫定的な決まり事なので，同時に「そうでなくてもよい」可能性が開かれていることを知るわけです。そうして，自分たちとは異なると思われた人たちへの**共感**と寛容性が育まれ，その合わせ鏡のように，「そうあらねばならない」ことに違和感を抱いていた自分に対する一定の肯定感が得られるということなのでしょう。人間は，別に結婚するとか家族をつくるとかに限らずとも，あるいは直接的にせよ間接的にせよ，様々なかたちで他の人間と関わって生きてゆかねばならないわけですから，文化人類学を通して異なるもの/者への，そして自分自身への理解が深まるのは非常によいことでしょう。特に世界中で人の行き来が活発になっていますから，自分もその数あるなかの一つなのだという**多様性**への相対的な共感は，今後ますます必要とされるでしょう。どうですか，文化人類学はなかなか役に立つと思いませんか。

　この本は初学者に向けた入門書ですから，もしかするとここで終われば，めでたし，めでたしでよいのかもしれません。よく文化人類学の入門書に書かれてある「『気づき』を与えてくれる」という特色も，上述の内容とほぼ同じことを意味しているのでしょう。しかし私は，その後こそが実は難題だと考えています。つまり，気づいてどうなるのか，気づきは何をもたらすのか，という問いです。以下の内容は私自身も書くかどうか迷ったのですが，やはり若いみなさんのために，そして文化人類学のために，より一歩，思考を進めることにしました。

5　文化人類学を学ぶと不幸になる!?——相対的な思考の困難さ

　「文化人類学を学ぶと不幸になる。」これは，ある学生が半ば冗談で，しかし切実な思いを込めて語った言葉です。いったい，どういうことなのでしょうか。
　これまで繰り返し述べてきたように，文化人類学は「そうあらねばならない」経緯・理由と「そうでなくてもよい」可能性に思いをめぐらす学問ですし，その際には常に，今ある何かがそう・あ・る・のではなく，そう・な・る・（なった）という捉え方をします。しかし，世の中では実際のところどうでしょうか。むしろ，ずっと「そうあった」から，これからも「そうあらねばならない」かのように物事が進められていくことが多いのではないでしょうか。
　「文化人類学を学ぶと不幸になる」と私に言った学生は，ある体育会系の部活に所属していました。そういう組織はたいてい多くの決まり事，言い換えると「そうあらねばならない」様々な事柄でできていますから，彼女はいくつかの点でそれらを変えていこうとしたそうです。しかし，それは困難でした。単に他の部員たちが聞く耳を持ってくれなかったこともありますが，決まり事というのは言ってみればそこの文化ですから，それを尊重しなければならないという相対主義的な考えと，不条理・不合理に思えることは変えたいという意志の間で自分自身も迷ってしまうのです。また，その後の就職活動でも，「こうしたい，こう変えたい」という彼女が語る理想は，「それは今のウチの会社には必要ないね」と一蹴され，無力感にさいなまれたそうです。
　この彼女の例にとどまらず，親や友人，あるいは恋人やバイト先の組織に至るまで，世の中の多くは，「そうあらねばならない」を前提としていることが多く，「そうでなくてもよい」可能性がないわけではないと知りつつも，現実はこうなのだから仕方がないというところに落ち着いているのではないでしょうか。「無責任」「屁理屈」「世の中を知らないインテリの戯れ言」など，言い方や表現は違えど，あなたは，この先いろいろなところでこういった批

判に直面するかもしれません。あるいは，それが嫌で口をつぐみ，大人になれ，現実的になれという力の前に，現状を受け入れてしまうかもしれません。

　もちろん，それが一概に悪いことだとは言いません。現状を受け入れるというのは，ある意味で，その社会や文化の「そうあらねばならない」経緯と理由を十分に認識した上で自分の言動を判断しているわけで，文化相対主義を実践しているとも理解できるからです。とは言え，物事は本質的にそうあるのではなく，そうなるのだから，そうでなくてもよい可能性に開かれていると学んだはずなのに，一歩研究室の外に出れば，そんな思考は全く必要とされていない。結局は「そうあらねばならない」世界で生きるほかないなんて。文化人類学で学んだことは，いったい何だったのか。だったらいっそのこと，知らない方がよかった。なまじ知ってしまっただけに，苦しい思いをしなければならない。「文化人類学を学ぶと不幸になる」という冒頭で挙げた学生の言葉を，実例も挙げて補足すると，およそこういうことになるのでしょう。

　文化人類学的な考え方，特に相対的なものの捉え方はなかなかにやっかいで，相手やそれぞれの文脈を尊重するという前提が，異を唱えようとする自分への障壁となったり，あるいは逆に，外部からの意見や批判に対する防御壁になったりしてしまうのです。たとえば，第6章で取り上げた割礼に対して，人権侵害だからなくすべきだという批判が投げかけられるとき，それは彼らの文化として尊重すべきだという言い分はどこまで有効でしょうか。私がフィールドワークを行った広州では犬を食べることがありますが，犬食は尊重されるべきその土地の食文化でしょうか，あるいは残酷な行為でしょうか。これらは人ごとではなく，たとえば，日本は2015年のジェンダーギャップ指数で世界101位，つまり男女間の不平等が世界的に見ると甚だしい社会とされていますし，ＯＥＣＤ（経済協力開発機構）に加盟している34ヵ国中で死刑を行っている数少ない国ですし（あとはアメリカだけ），捕鯨に関しては反捕鯨団体から批判を受けています。これらに対して，私たちには私たちの事情ややり方があるのだから，それを尊重してほしい，他人にとやかく言われる筋合いはない，という言い分をどう考えればよいでしょうか。相手を

尊重するという前提は，ともすれば，お互いを尊重しよう，私はあなたに何も言わないし，だから私にも何も言わないで，という没交渉や無関心に陥ってしまうかもしれません。つまり「悪しき相対主義」です。

　さらにより学術的なテーマの例を挙げると，本書で紹介してきたように，確かに境界は任意に引かれたものであり，伝統は創られたものではあるのですが，たとえばある病に認定されることで救われた人は確実にいるわけですし，地元の名物をつくって地域興しをしようとしている人，あるいは自らの存在と権利獲得のために奮闘しているマイノリティの人たちもいます。そういう人たちに対して，病や伝統は創られたものであるとか，アイデンティティの境界は可変的なものであるとかいう文化人類学の知見を開示することにどれほどの意味があるのでしょうか。これは私も常に考えている問題で，ともすれば日本で日本語で書いていることと，現地で発表したり，現地語で書いたりしていることとの間に齟齬を来してしまいそうになることもあります。

　このように，文化人類学を学んで得た考え方や気づきによって，むしろ，すくんでしまうこと，あるいは結局それがどうなるのだろうという無力感にさいなまれることも少なくないかもしれません。

6　学び知ることの大切さ──迷いの共感

　しかし，私はそれでも，学んで知ることは大切だと考えます。

　悩んでいた彼女はあるとき，部活でやはり居心地の悪さを感じている他の部員の存在に目をとめました。その人は彼女とは違って大きな声で異議を唱えることはなく，しかし一人でひっそりとわだかまりを抱えて過ごしていました。そのとき彼女は，もし自分に迷いがなかったら，この人の存在には決して気がつかなかっただろうということに思いが至ります。自分では「そうあらねばならない」という大きな力を変えることはできなかったわけですが，迷い悩んでいるのは自分だけではないということ，そういう人が身近にもいるということを知ったのです。もしも迷い葛藤していなければ，この迷いの共感には決して至らなかったことでしょう。また，彼女は最近，すでに

卒業した一人の先輩から,「当時はわからなかったけど,今はあなたの言っていたことが少しわかるようになった」と伝えられたのだそうです。こうした経験によって彼女は,迷いの共感は広がりうる,あるときには難しくても,次の瞬間には変わりうるという可能性に思いが及んだと話してくれました。

　「そうあらねばならない」という必然性を理解し,「そうでなくてもよい」という可能性を展望する。その狭間で揺れること,そして同じように揺れている人にも,揺れなく確信を持って生きている人にも,あるいはそうしようとしている人にも,思いをめぐらせること。それは,その人,あるいはその社会の価値観を尊重しつつも,別のあり方と変化の可能性を想像することです。まだ十分にこなれた表現にはなっていませんが,私が文化人類学を通して学生に学んでほしいのはそのようなことです。

あとがき

　文化人類学を専門にしているとは言っても，複数のトピックについて一人で本一冊分を書くのは予想以上にたいへんでした。この本はかたちの上では私の単著となっていますが，完成に至るまでには実に多くの方々に協力していただきました。

　全文を読んでコメントをしてくれた穴水晃子，阿部惠美子，稲澤努，川村楓子，栗田陽子，小嶋ゆかり，斯遠，関美菜子，フフアグラ，李斌，林炘賛の各氏に深く感謝申し上げます。また第10章は私自身かなり迷いながら書いたもので，上に挙げた方々以外にも尾関優歩，小野崎恒平，河野奈津美，ジョン・ヘユン，千葉成美，春田寛人，本郷萌佳，増田愛の各氏にコメントをいただきました。小沢咲季，小野崎恒平，後藤龍之介，西川慧の各氏からは第6章で取り上げた応援団の事例について教えていただきました。阿部惠美子氏からは素敵なイラストを，久保田亮，小嶋ゆかり，西川慧，林千尋の各氏，そして国立民族学博物館からは貴重な写真を提供していただきました。この他にも本書の内容は学生あるいは研究仲間との会話やフィールドでの知見に多くを負っていますから，一人ひとり名前を挙げることはできませんが，ここに謝意を表することを許していただきたいと思います。

　最後になりましたが，昭和堂の松井久見子さんからは，本書の構想の段階から数々のアドバイスと励ましをいただきました。草稿をお見せした際に，「美味しいご飯がスイスイ進むように，サクサクと読み進めてしまいました」という感想をいただいて大いに勇気づけられ，最後まで書き切ることができました。亀谷隆典さんには，文章表現の修正や図表の処理など，実に煩雑な作業をお引き受けいただきました。もし本書が読者にとって読みやすいものになっているなら，それは亀谷さんのおかげです。お二人には心から感謝しています。

初学者に向けた教科書を作るという目的がどこまで達成できたかは心許ないですが，少なくともしばらくの間は，研究室を訪れたルーキーたちに，ようこそ文化人類学へ！　と本書を手渡そうと思っています。

　　2017年3月2日

川口幸大

索　引

あ行

アザンデ　80, 81, 85
アラスカ　23

イエ　32
イスラーム　135
　——教　86
一夫多妻婚　22
異文化　4, 70, 149, 169
芋煮　3
インセスト・タブー　52-55
インドネシア　44, 53, 135, 139, 161

ウーマン・リブ　66
占い　81, 82, 86

エスキモー　23, 25, 32

オーセンティシティ（真正性）　134, 141
オナン　49
『オリエンタリズム』　161

か行

科学　77, 86-90
核家族　22, 26
格差　122
家族　19-21, 24, 26-28, 46
過渡　99-101, 104, 152
寡婦　49

神　42, 79, 87, 89
観光　131, 132, 134-138, 141, 144
　——客　133, 136, 137, 139, 140
　——人類学　134
　——地　139

機能主義　151
儀礼　23, 44, 68, 78, 82, 99, 100, 104, 105, 107, 135, 137, 139, 148
虐待　25
境界　79, 94, 96, 98, 105, 106, 177
　——線　70, 97, 105-107, 122, 144
共感　174
きょうだい　20
キリスト教　44, 79, 83, 85, 86, 89, 95
　——式　41
近代　89

クラ　115, 117, 121, 124

血縁　25
　——関係　25, 52
結婚　20, 23
　——式　39

公共人類学　164
交叉いとこ　53
広州　154, 156, 160
合同家族　22

181

合理的　77
互酬性　112
婚資　48, 49

さ行

サイード　161
サブスタンス　32
サロゲートマザー　30
参与観察　149

ジェンダー　36, 63, 64, 66, 70, 71
児童虐待　24
資本主義　112, 113, 120, 125, 126
写真花嫁　49, 50
宗教　44, 45, 77-79, 85, 86, 88, 89, 122
植民地　135, 139, 161
死霊婚　48
人格　111, 120, 126
信仰　77, 86, 88
真正性→オーセンティシティ
親族　20, 21, 26, 27, 45
　　──研究　21
身体　5, 54, 64, 68, 69

ステップファミリー　25

性　70, 72
性交　48, 54, 64, 69, 95
精子　19
生殖　27, 54
　　──医療　28, 29, 51
　　──活動　20
　　──行為　19

──ツーリズム　30
生物　72
　　──学　18, 19, 23, 24, 27, 28, 32, 63-66, 68-70
性別　63, 69
セクシュアリティ　67, 70
世俗化　89
セックス　63, 69
専業主婦　71, 72

そうあらねばならない　12
相対主義　151, 175, 176
相対的　10
　　──貧困率　123
そうでなくてもよい　12
贈与　114, 126
　　『──論』　114
『そして父になる』　18, 19, 32, 54
祖先　21, 27

た行

体外受精　30
第三の性　68-70
第二の性　67
代理出産　29
多様性　174
タラヴァード　22, 28
タレンシ　21, 26

血　18, 19, 25, 53
　　──のつながり　31
中国　53, 53, 142, 152, 153, 156, 160, 163, 169

通過儀礼　45, 99, 107, 152, 158
『創られた伝統』　142

デザイナーベイビー　29
伝統　138, 139, 141, 143, 177
　　──的　131
　　──文化　138, 139

統合　100, 103, 104, 152
同姓　53
同性　50, 57
　　──婚　45, 51
トロブリアンド諸島　27, 115, 121, 124, 150

な行

ナヤール　22, 28, 32
ナンダ　68
偽物　134
ヌアー族　21, 26, 48

は行

ハウ　124
墓　78
バリ　135, 137-139, 143
バロン・ダンス　137

ピケティ　123
ヒジュラ　67, 68
非日常　132, 144
ヒンドゥー　135, 137, 139, 143
　　──教　44, 79, 137

ファン・ヘネップ　101
フィールドワーク　115, 148-150, 152, 154-162, 165
複婚家族　22
仏教　79, 85, 86
フルベ　99, 105
文化　4
　　『──を書く』　161
分離　99-101, 104, 152

平行いとこ　53

ボーヴォワール　67
牧師　41, 42
ポスト世俗化　89
ホストマザー　29
ボデンホーン　23
ポトラッチ　114, 117, 121, 124, 160
ボラナ　27
ポラニー　121
本物　134

ま行

マードック　22
マオリ　124, 126
魔女　83-85
　　──狩り　83
マリノフスキ　27, 115, 150, 156

ミード　65, 66
『未開人の性生活』　27
未婚　51, 56
民族誌　158

モース　113, 114, 124

や行

ヤノマミ　95
ユダヤ教　49
養子　23, 24, 26, 30, 31, 51, 68
妖術　80-82, 84-86
　──師　83

ら行

ラーマーヤナ・バレー　137

卵子　19, 28

リニージ　21

レヴィ＝ストロース　53-55
レヴィレート婚　49

アルファベット

LGBT　69, 169
PACS　57
religion　79

■著者紹介

川口幸大（かわぐち ゆきひろ）

東北大学大学院文学研究科教授。
主な著書に『東南中国における伝統のポリティクス――珠江デルタ村落社会の死者儀礼・神祇祭祀・宗族組織』（風響社，2013年），『現代中国の宗教――信仰と社会をめぐる民族誌』（共編著，昭和堂，2013年），『〈宗族〉と中国社会――その変貌と人類学的研究の現在』（共編著，風響社，2016年），『僑郷――華僑のふるさとをめぐる表象と実像』（共編著，行路社，2016年）など。

ようこそ文化人類学へ
異文化をフィールドワークする君たちに

2017年 4 月28日　初版第 1 刷発行
2025年 3 月10日　初版第 9 刷発行

著　者　川 口 幸 大

発行者　杉 田 啓 三

〒 607-8494　京都市山科区日ノ岡堤谷町3-1
発行所　株式会社 昭和堂
振替口座　01060-5-9347
TEL（075）502-7500／FAX（075）502-7501
ホームページ　http://www.showado-kyoto.jp

Ⓒ 川口幸大 2017　　　　　　　　　　　印刷　亜細亜印刷

ISBN978-4-8122-1606-4

＊乱丁・落丁本はお取り替えいたします。

Printed in Japan

本書のコピー，スキャン，デジタル化等の無断複製は著作権法上での例外を除き禁じられています。本書を代行業者等の第三者に依頼してスキャンやデジタル化することは，たとえ個人や家庭内での利用でも著作権法違反です。

上永流・太田
尾崎・川口 編
東アジアで学ぶ文化人類学
定価2420円

梅﨑昌裕
風間計博 編
オセアニアで学ぶ人類学
定価2530円

松本・佐川
石田・大石
橋本 編
アフリカで学ぶ文化人類学
民族誌がひらく世界
定価2420円

宮岡・渋谷
中村・兼城 編
日本で学ぶ文化人類学
定価2530円

川口幸大 編
世界の中華料理
World Chinese Dishes の文化人類学
定価2860円

昭和堂
（表示価格は税込）